中青年经济与管理学者文库

向传统告别：我国银行业的挑战与转变

孙晓涛　著

中国财经出版传媒集团
中国财政经济出版社

图书在版编目（CIP）数据

向传统告别：我国银行业的挑战与转变/孙晓涛著．—北京：中国财政经济出版社，2018.7

（中青年经济与管理学者文库）

ISBN 978-7-5095-8303-6

Ⅰ.①向…　Ⅱ.①孙…　Ⅲ.①银行业-金融改革-研究-中国　Ⅳ.①F832.1

中国版本图书馆CIP数据核字（2018）第124152号

责任编辑：王　丽　罗伶一　　　责任校对：胡永立

中国财政经济出版社 出版

URL：http://ckfz.cfeph.cn

E-mail：cfeph@cfeph.cn

社址：北京市海淀区阜成路甲28号　邮政编码：100142

营销中心电话：010-88191537

天猫网店：中国财政经济出版社旗舰店

网址：https://zgczjjcbs.tmall.com

北京财经印刷厂印刷　各地新华书店经销

880×1230毫米　32开　8.25印张　190 000字

2018年8月第1版　2018年8月北京第1次印刷

定价：49.00元

ISBN 978-7-5095-8303-6

（图书出现印装问题，本社负责调换）

本社质量投诉电话：010-88190744

打击盗版举报热线：010-88191661　QQ：2242791300

策划人语

题记：一个人的精神成长史，取决于他的阅读史。只有阅读能最有效地培养精神生活习惯，而好的习惯又培养性格，性格决定人生。

——我们自豪，因为我们就是创造这精神产品的人。

选择了飞翔，总能看到蓝天；选择了远航，总能感受大海。人生不仅要作出选择，也要坚持住自己的选择。学会计、当编辑是我的意外选择。人说编辑是为人做嫁衣，可是这一选择我坚持了27年，苦在其中，乐在其中，也算是有声有色。每当我把一本本好书呈献给人们的时候，我觉得我是“富贵”的人：富，不是你身上的钱财，而是你心里的满足；贵，不是你地位的显赫，而是你被人需要的程度。

书海探寻，情怀永恒

我要说，做编辑我幸运，因为我不仅是第一个读者，可以对作品“品头论足”，也可以对作品“生杀予夺”；更重要的是，这是一个很高层次的平台，在多年与名家的交往和名著的“对话”中，深深地为他们的人格和才学所感动，被作品的精彩所吸引，这不仅使我“下笔如有神”，更使我的思想和灵魂也受到一次次洗礼和震撼，得到一次次升华。对于我的作者我的书，如数家珍，作者中不乏才学和为人同样过人的多位泰斗和“颜值高责任大”的众多才子佳人；策划的作品不仅立足专业还兼顾人文，也是情怀所在，专业加人文路才会更宽。

多年的体会是，作为一名编辑，起码要“三心二意”，即“责任心、细心、耐心”和“服务意识、创新意识”。要多策划一些有分量的拳头产品，用一个选题推动一个系统工程，用一个系统工程培养一个出版社品牌。给新入职编辑讲座时我做过一个比喻：编辑两项基本功，审稿——甚至要比博导审批学生论文还要全面、细致；选题策划——要像电影导演一样做“星探”，善于发现优秀作者和挖掘好的原创作品。记不得27年来我策划和编辑了多少书，组织和策划了一大批教材、业务培训用书、通俗读物、理论专著等，有的获得过国家、省部级各类奖项，有的以其填补空白、社会热点、风格新颖、开拓尝试等特点受到读者的欢迎。20世纪90年代我开始自主策划选题，多年来每年都有新丛书问世。比如，21世纪初内部控制研究在国内刚兴起时，策划了《现代内部控制丛书》，其中《企业内部控制管理操作手册》是我鼓励作者将自己饱含心血的经过长期钻研和实践并证明卓有成效的成果奉献付梓，使得更多的人能受益于此，这无疑是对我国内部控制理论探索和实践发展的一种贡献，内部控制选题至今还是热点。2013年的《来去无尘——一位财政部长的生前事》所展现的吴波精神，与深入推进党风廉政建设相得益彰，得到中央领导同志的高度重视和重要批示。中央各大主流媒体纷纷连续报道，掀起了全社会学习吴波高尚情操的热潮。2014 年至今的前沿选题《财务云丛书》等也越来越受到业界认可。

想是问题，做是答案

众所周知，目前的图书出版业在行业竞争和纸质图书受到严重冲击的情况下，出版人无不感到莫大的危机。在这种背景下，策划一套专业图书是颇感困惑的一件事，风险更大。但即使这样我们也不能因噎废食、停滞不前，还要积极应对，继续发挥纸质图书的固有特质，挖掘出版内容和形式都精彩的原创作品，适应新形势下读者的更高需求。2017 年，我们接受新的挑战，开启新的征程，又策划《中青年经济与管理学者文库》《当代税收名家丛书》《中国税务律师系列丛书》《现代管理实务丛书》《高等院校应用型会计人才精细化培养系列教材》等，继续为扶持学术研究和总结最新成果，在高端研究与专业知识普及和应用之间搭建一座座有益的桥梁。

每一个时代的经济环境不同，理论研究和实务探索所需要解决的问题也有所差别。当前我国不仅处于经济结构调整和供给侧改革的攻坚期，同时也处于大数据和互联网突飞猛进的变革期，矛盾叠加，风险交汇，市场环境和组织模式不断演变发展、推陈出新，经济、管理、财税等领域的新理论、新思想、新方法、新工具也层出不穷。乱花渐欲迷人眼，击水三千浪几何？这些领域的研究人员被时代赋予了更艰巨的责任，也面临着更高、更多元的要求，我们不仅要具备更广阔的学术视野，而且要有更严谨的学术思维。

输在犹豫，赢在行动

《中青年经济与管理学者文库》的作者，都是我国经济与管理领域的中坚力量，也是未来的大家。他们中有些人潜心从事理论研究，有些人则深耕在实务一线，但无论现实身份如何，视野全都没有被拘泥在“象牙塔”内。他们从不同视角对市场经济的不同要素进行细致审视，然后汇聚于“财经版”这面旗帜之下，相互碰撞，彼此激荡，力求在市场经济转型升级的关键时期留下最新鲜的“中国印记”。

这些经济与管理领域的中青年学者，就是我国市场经济发展的潜力与优势，他们的研究成果，不仅将引领市场经济的各个组成环节向更科学、更先进的方向发展，而且将成为我国政府和企业在未来经济世界扮演更重要角色的支点与动力。祝愿这些中青年学者能攀上更高的学术之山，走向更远的研究之路，也期待宏观、中观、微观各个层面的市场参与者都能从这套文库中得到切实的启发与指引，在全面深化改革、增强发展活力的关键时期，发挥正能量和积极作用，为经济社会发展增添新的动力！

如果您认可，如果您有意愿，欢迎您和您的朋友加盟我们的作者队伍！在中国财经出版传媒集团的“旗舰”下，中国财政经济出版社这“老字号”，一定励精图治，谱写新的篇章。我们用“龙的精神，玉的品质”来助力您实现梦想！

策划人：樊清玉

邮箱：qingyuf@ sina. com

2017 年春

21世纪初，经过不良资产剥离、股份制改革和上市，我国原本不堪重负的银行变得轻松、健康、充满活力。2008年，从全球金融中心美国刮起的金融风暴席卷全球，严重打击了发达经济体的金融业。我国银行依靠稳健经营一夜之间成为全球银行的楷模，凭借良好的资产质量、充足的资本、骄人的盈利业绩，纷纷成为全球各类银行排行榜的领头羊。至少在危机后的四五年里，我国银行没有足够的动力去改变现状。

然而，一夜之间，负面新闻却突然一古脑儿地涌了出来。江浙地区不良贷款快速攀升，互联网企业不断颠覆传统金融业务，在短短几年时间里，货币市场、股市、房市、债市轮番暴涨暴跌，原本高高在上的银行突然间变成了弱势群体，传统存贷款业务已经触及天花板，竞争异常惨烈、利差急剧收窄、存款大量流失、不良贷款快速攀升、利润大幅下滑。同时，企业指责银行惜贷抽贷，个人指责银行乱收费，监管部门指责银行监管套利。

银行开始变得焦虑了，虽然体量依然庞大，但已尽显老态龙钟。银行的原有优势再也守不住了，走到该向传统告别的时候了。那么，转型之路在哪里呢？同业业务、资产管理业务、服务小微、投贷联动、消费信贷、科技金融、多元化经营、走向海外，近年来，银行不断尝试着一个又一个崭新而陌生的领域，不断在金融监管与业务创新、政策导向与追求利润、短期盈利与长期发展中寻求平衡。

本书选择近年来我国银行面临的五大挑战和经历的五大转变，将其命名为“挑战篇”和“转型篇”。从历史谈到现状，再对面临的挑战或未来的发展进行详细分析。本书第三篇“政策篇”，用两章的篇幅集中对监管内容进行系统性论述，并给出政策建议。全书以文字论述为主，仅在必要时配以表格，力求通俗易懂，以期待更多读者获益。

目录

挑　战　篇

第一章 利率市场化

长期以来，我国银行存贷款利率受到严格管制，银行自行决定利率的空间非常有限。虽然早在20世纪90年代，我国便提出了利率市场化的改革方向，但在随后的很长一段时间里，利率市场化进程并不快。2012年以来，情况发生了转变，利率市场化明显加速，3年后的2015年，我国已经基本放开了金融机构的利率管制。虽然放开利率管制是在银行市场化水平不断提高情况下的顺势而为，是水到渠成，但对银行将产生深远影响，成为近年来和未来一段时间银行面临的最大挑战。

一、放开利率管制的历程

利率市场化的实施需要相对完善的市场化的经济金融体系。在从计划经济向市场经济过渡的较长时间里，我国并不具备实施利率市场化的条件。正式提出将利率市场化作为努力方向是在 1993 年年底，作为贯彻党的十四届三中全会决定、推进金融体制改革的纲领性文件，国务院印发了《关于金融体制改革的决定》（国发［1993］91 号）。这是一份具有重要历史意义的文件，它所勾画出的蓝图形成了我国目前金融体系的框架，文件中提到了“逐步形成以中央银行利率为基础的市场利率体系”。1995 年，中国人民银行推出《关于“九五”时期深化利率改革的方案》，初步提出利率市场化改革的基本思路。

从 1996 年起，全国银行间同业拆借市场成为所有金融机构同业拆借业务的唯一市场，银行间市场利率成为利率市场化的切入点。1996 年 6 月 1 日，银行间同业拆借利率由拆借双方根据市场资金供求自主确定。随后，银行间其他利率逐步放开：1997 年 6 月放开债券回购和现券交易利率；1998 年 9 月放开金融债券发行利率；1999 年 9 月国债利率招标发行。货币市场和债券市场利率最早实现了利率市场化。

金融机构存贷款利率是推进利率市场化改革的主要领域，中国人民银行通过不断调整利率浮动范围，给予银行更大的自主权，逐步推进利率市场化进程。首先扩大浮动范围的是金融机构对小企业的贷款利率、农村信用社的贷款利率上限、县以下金融机构的贷款利率上限等。1999 年 10 月，我国放开了保险公司大额长期定期存款利率，2000 年 9 月放开了外币贷款利率和大额外币存款利率。

2002 年，党的十六大报告明确提出了“稳步推进利率市场化改革，优化金融资源配置”。为此，中国人民银行提出利率市场化改革目标，即金融机构存贷款利率水平由市场供求决定，市场机制在金融资源配置中发挥主导作用，中央银行通过货币政策工具调控和引导市场利率。同时，确定改革总体思路，即先外币、后本币；先贷款、后存款；先长期、大额，后短期、小额。2003 年，主要外币币种小额存款利率实行上限管理，放开其他外币币种小额存款利率。2004 年，基本实现了贷款利率管下限、存款利率管上限。2005 年 3 月，放开金融机构同业存款利率。2013 年 7 月，放开金融机构贷款利率和贴现利率。2015 年 10 月，放开金融机构存款利率。至此，中国人民银行基本放开了金融机构利率管制。个人住房贷款利率是个例外，为维护房地产市场稳定，其下限仍为贷款基准利率的 0.7 倍。

二、完善利率形成机制

利率市场化不仅仅是放开利率管制，更重要的是建立市场化的利率形成机制，提高中央银行货币政策的有效性。我国在放开利率管制的同时，也在积极推进利率形成机制建设。

（一）市场利率定价自律机制

2013 年 9 月 24 日，市场利率定价自律机制成立，它是以全国银行间同业拆借中心为平台，由金融机构组成市场定价自律和协调机制，对货币市场、信贷市场等利率进行自律管理，主要职责包括：组织上海银行间同业拆放利率（Shanghai Interbank Offered Rate，Shibor）、贷款基础利率（Loan Prime Rate，LPR）等市场基准利率的集中报价和发布；监督金融产品定价，对成员的定价行为进行自律管理；组织金融产品研发和创新，培育市场基准利率。市场利率定价自律机制成员分为基础成员和核心成员，基础成员需要经过合格审慎评估，符合财务硬约束和宏观审慎政策框架要求，经营稳健，核心成员是基础成员中系统重要性高、市场影响力大、自主定价能力强的机构。市场利率定价自律机制下设合格审慎及综合实力评估、上海银行间同业拆借利率、贷款基础利率、同业存单等多个专门工作小组，推动相关业务开展。

上海银行间同业拆放利率的正式运行是 2007 年 1 月 4 日，早于市场利率定价自律机制，后者是在 Shibor 机制基础上发展起来的。Shibor 的报价团是信用等级较高的银行，是公开市场一级交易商或外汇市场做市商，在货币市场上人民币交易活跃、信息披露充分。市场利率定价自律机制成立 Shibor 工作组，依据规则确定和调整报价银行团成员，目前报价团由 18 家银行组成。每个交易日，报价银行自主报出人民币同业拆出利率，是单利、无担保、批发性利率，全国银行间同业拆借中心剔除最高和最低的 4 家报价后，进行算术平均，作为 Shibor 利率。目前，Shibor 利率包括隔夜、1 周、2 周、1 个月、3 个月、6 个月、9 个月及 1 年等 8 个品种。

2013 年 10 月 25 日，贷款基础利率集中报价和发布机制正式运行。贷款基础利率是商业银行对最优质客户执行的贷款利率，商业银行综合衡量资金成本、信用风险、管理费用、资本回报等多种因素后确定，能够真实地反映信贷市场的资金价格。目前，向社会公布的是 1 年期贷款基础利率。贷款基础利率首批报价行是中国工商银行、中国农业银行、中国银行、中国建设银行、交通银行、中信银行、浦发银行、兴业银行、招商银行九家商业银行，后期又加入了民生银行。各报价行每个工作日报出贷款基础利率，全国银行间同业拆借中心剔除最高和最低报价后，将剩余报价进行加权平均，权重为报价行上季度末人民币各项贷款余额占比，得出贷款基础利率，通过上海银行间同业拆放利率网对外公布。贷款基础利率集中报价和发布机制是上海银行间同业拆放利率机制在信贷市场的衍生，已经成为市场利率定价自律机制的重要组成部分。贷款基础利率的目标是促进提高信贷产品定价透明度，增强自主定价能力建设，提高定价效率，促进贷款的定价基准由中央银行确定向市场决定过渡。

2013 年 12 月，中国人民银行印发了《同业存单管理暂行办法》（中国人民银行公告 2013 年第 20 号），同业存单业务正式推出。同业存单是一种在银行间市场发行和交易的记账式凭证，由政策性银行、商业银行、农村合作金融机构等法人在银行间市场发行，投资者主体为银行间同业拆借市场成员、基金管理公司及基金类产品等。同业存单是市场利率定价自律机制推出的金融产品，用来推动市场基准利率的培育。同业存单的发行人需要成为市场利率定价自律机制成员，固定利率存单期限不超过 1 年，参考同期限 Shibor 定价，浮动利率存单期限在 1 年以上，以 Shibor 为基准计息。同业存单市场交易包括做市商制度，做市商由市场利率定价自律机制核心成员担任。中国人民银行对同业存单实施备案管理，发行人每年首只同业存单发行前，向中国人民银行备案年度发行计划，并向市场披露。

2015 年 6 月，中国人民银行印发了《大额存单管理暂行办法》（中国人民银行公告 2015 年第 13 号），我国再度推出了大额存单业务。大额存单与同业存单相比，两者都是由政策性银行、商业银行、农村合作金融机构等发行，都是可转让记账式凭证。两者都是市场利率定价自律机制推出的金融产品，发行人都需要成为市场利率定价自律机制成员，发行利率都与 Shibor 挂钩，中国人民银行对两者都实行备案管理。与同业存单的不同点在于：一是大额存单面向个人、非金融企业、机关团体等非金融机构投资者；二是大额存单可在营业网点、电子银行、第三方平台等多种渠道发行，上海清算所提供登记等服务，可以提前支取和赎回；三是大额存单可以办理质押业务。

（二）利率定价行为纳入宏观审慎评估

全球金融危机之后的 2009 年，中国人民银行开始探索宏观审慎管理政策，2011 年正式引入差别准备金动态调整机制，引导金融机构根据宏观经济增长和自身资本水平确定合理的信贷增速。2016 年，中国人民银行将差别准备金动态调整和合意贷款管理机制升级为宏观审慎评估（Macroprudential Assessment，MPA）。宏观审慎评估考核包括资本和杠杆情况、资产负债情况、流动性、定价行为、资产质量、跨境融资风险、信贷政策执行等七大方面，其中的定价行为目前仅考核利率定价行为。宏观审慎评估将金融机构分为 A、B、C 三档，A 档机构享有法定存款准备金利率上浮、再贷款再贴现支持、金融市场准入等优惠政策，C 档机构承受相应的惩罚措施。要评为 A 档，金融机构要在七大方面的评分中都达到优秀（90 分以上），而资本和杠杆情况、定价行为两项指标任何一项不达标（60 分以下），金融机构将被评为 C 档。从上述政策可以看到，宏观审慎评估对金融机构的利率定价行为非常重视。目前，各省均成立了省级市场利率定价自律机制，由辖内银行业存款类金融机构组成，对辖内机构自主确定的存贷款利率等市场利率进行自律管理。全国性市场利率定价自律机制指导省级自律机制开展工作，省级自律机制核心成员包括全国性自律机制核心成员的分支机构，以及辖内合格审慎评估排名靠前、影响力较大的机构。省级自律机制接受所在地中国人民银行分支行的监督管理，配合中国人民银行开展宏观审慎评估。

（三）构建和完善政策利率体系

以利率市场化改革为基础，货币政策正由数量型向价格型转换，中国人民银行也在积极构建和完善政策利率体系，加强对市场基准利率和收益率曲线的引导和调控能力。

1998 年 5 月，中国人民银行恢复了人民币公开市场操作，并建立了公开市场业务一级交易商制度，选择能够承担大额债券交易的商业银行作为公开市场业务的交易对象。公开市场业务的特点是仅面向公开市场业务一级交易商，由中央银行主动发起，以招标方式开展，操作信息公开透明。公开市场业务的交易品种包括回购交易、现券交易、发行中央银行票据、短期流动性调节工具（Short - term Liquidity Operations，SLO）、中央国库现金管理业务等。回购交易是公开市场业务的主要手段。从 2016 年 2 月 18 日起，在原有每周二、四定期开展操作的基础上，建立了每日操作常态化机制。中央银行票据业务是在外汇占款不断攀升的背景下推出的，2013 年 7 月以来已经停止发行，目前余额也已经偿清。2006 年 5 月，财政部会同中国人民银行印发了《中央国库现金管理暂行办法》（财库［2006］37 号），中央国库现金管理商业银行定期存款业务成为公开市场操作的一部分。该业务面向国债承销团和公开市场业务一级交易商中的商业银行总行公开招标进行。2013 年 1 月，中国人民银行创设了短期流动性调节工具，作为公开市场常规操作的补充，在银行体系流动性出现临时性波动时相机使用。同时，近年来公开市场业务一级交易商制度也在不断完善，部分证券公司也被纳入到一级交易商。

2013 年年初，中国人民银行创设了常备借贷便利（Standing Lending Facility，SLF）。创设之初，常备借贷便利主要满足政策性银行和全国性商业银行的大额流动性需求，期限为 1 ~3 个月。2014 年 1 月，中国人民银行在分支机构开展了常备借贷便利操作试点，主要为城市商业银行、农村商业银行、农村合作银行和农村信用社四类中小金融机构提供短期流动性支持，期限为隔夜、7天和14天三个档次。常备借贷便利的特点主要包括：一是金融机构主动发起，根据自身流动性状况向中国人民银行申请；二是中国人民银行与金融机构“一对一”交易；三是覆盖面广，所有银行类机构都可以申请；四是以质押方式操作，合格质押品包括国债、政策性金融债、高等级公司信用债等，中国人民银行针对不同债券设置不同的质押率；五是操作利率由中国人民银行根据货币政策调控需要设定，发挥利率走廊上限作用。

2014年9月，中国人民银行创设了中期借贷便利（Medium－term Lending Facility，MLF）。中期借贷便利是中央银行提供基础货币，补充银行体系流动性的重要工具，期限为3个月、6个月和1年三个档次。中期借贷便利的特点主要包括：一是面向符合宏观审慎管理要求的银行机构；二是要求获得资金的机构加大支持小微企业和“三农”等国民经济重点领域和薄弱环节；三是操作利率比市场利率优惠，可以发挥中期限政策利率的作用；四是采取与常备借贷便利相同的质押方式。

2014年4月，中国人民银行创设抵押补充贷款（Pledged Supplemental Lending，PSL）。创设之初是为了支持国家开发银行加大棚户区改造项目的信贷投放。随后，将农业发展银行、进出口银行也纳入操作对象，支持其加大重大水利工程和人民币“走出去”项目的信贷投放。抵押补充贷款的特点主要包括：一是仅针对上述3家银行的政策性项目，支持国民经济重点领域和薄弱环节，支持社会事业发展；二是期限较长，成本较低；三是采取质押方式发放，合格质押品不仅包括高等级债券，还包括优质信贷资产。

三、利率市场化的未来发展

目前，中国人民银行还在公布存贷款基准利率，在我国市场供求关系决定利率形成机制没有完全建立起来之前，中国人民银行公布的存贷款基准利率仍然可以作为金融机构利率定价的参考。中国人民银行也在有意淡化存贷款基准利率，2015 年 10 月 24 日降息以来，中国人民银行没有再调整过存贷款基准利率。未来，中国人民银行将进一步弱化存贷款基准利率的作用，引导金融机构接受市场化的基准利率。

未来，回购定盘利率和短期 Shibor 作为短期基准利率的地位将更加突出。回购定盘利率是以银行间市场上午 9:00～11:30 间的回购交易利率为基础，按照取中位数的方法计算得到的，目前的期限包括隔夜、7 天、14 天三个品种。银行间回购市场参与机构众多，质押物质量参差不齐，回购定盘利率样本比较复杂。2017 年 5 月 31 日开始，银行间同业拆借中心推出了银银间回购定盘利率，其样本是银行业存款类金融机构间的、以利率债为质押的回购交易利率，样本一致性有所提升。Shibor 利率是信用等级较高的银行组成报价团，自主报出同业拆出利率后，计算其算术平均利率。短期利率的期限包括隔夜、7 天、14 天三个品种。回购定盘利率和 Shibor 是我国重要的短期利率品种，为了推动其成为短期基准利率，在其基础上开发的金融产品将越来越丰富。从目前情况来看，同业存单和大额存单是以 Shibor 为基准发行的，利率互换等衍生产品是以回购定盘利率和 Shibor 为基础的。同样作为短期基准利率，回购定盘利率和 Shibor 之间的分工存在较大差异。回购定盘利率以真实交易的利率价格为基础，比较适合作为货币政策的操作目标。但是，以真实交易为样本便可能出现异常情况，所以不适合作为金融产品的定价基础。与之相比，基于高信用等级银行机构报价的 Shibor，比较适合作为金融产品定价基准利率。从货币政策传导角度来看，需要理顺回购定盘利率向 Shibor 的传导路径。所以，未来将进一步规范 Shibor 报价团银行选择程序，引导报价团银行建立内部转移定价机制和内部收益率曲线，提升利率定价能力。

未来，中期限基准利率建设、市场利率曲线形成、融资领域基准利率建设等，将成为完善市场化利率形成机制的重点。中期限方面来看，期限为 1～12 个月 Shibor 在形成和发布机制上已经比较完善，在此基础上也发展起了同业存单、大额存单等金融产品。但是，作为交易利率的中期限国债利率成熟度不高，2015 年 4 月以来 6 个月期限的国债开始每月定期发行，2015 年 10 月以来 3 个月期限的国债开始每周定期发行，中期限国债利率将成为未来建设的重点。市场利率曲线方面的目标，是建设成熟的中期限国债利率，形成完整的国债收益率曲线，完善中期限利率向长期限利率的传导机制。要实现这一目标，未来还有很长的路要走。融资领域基准利率是长期限利率，主要包括债券市场基准利率和信贷市场基准利率。未来培育的重点包括长期限国债利率和高信用等级商业银行报价产生的贷款基础利率。对于企业融资来讲，债券市场和信贷市场存在较强的替代性，所以国债利率与贷款基础利率间的协调、传导机制的形成等是未来探索的方向。7 年期和 10 年期国债是我国国债的主力产品，而目前贷款基础利率仅有 1 年期一个品种。目前我国银行中长期项目贷款规模是短期贷款的 1.5 倍，从作为信贷产品定价基准利率的角度来看，未来增加贷款基础利率期限品种势在必行。

这里需要着重讨论一下 Shibor 作为报价利率没有真实交易背

景问题。2012年6月，英国巴克莱银行被曝涉嫌操纵伦敦同业拆借利率（London Interbank Offered Rate，Libor）和欧元同业拆借利率（Euro Interbank Offered Rate，Euribor）。2005~2009年，巴克莱银行高管和交易员共请求Libor和Euribor报价员人为更改利率257次。受Libor操纵丑闻的影响，以及出于争取美元利率定价权的考虑，美联储计划采用真实交易的回购利率替代Libor。鉴于全球最主要的基准利率Libor发生的操纵丑闻，未来中国人民银行也需要加强Shibor利率监管，避免报价团银行的操控行为。在监测Shibor报价团银行行为方面，银行间同业拆借利率和回购利率作为具有交易基础的利率可以提供对照，但同业拆借利率和回购利率的活跃品种集中在短期限。2017年年末，以Shibor作为定价基础的同业存单存量已逾8万亿元，已经具有很好的规模基础，全国银行间同业拆借中心也在及时提供同业存单收益率曲线，可以作为Shibor的中期限对照利率。未来，还可以利用同业存单收益率构建基准利率体系，作为有交易基础的基准利率与Shibor配合使用，提高Shibor可信性。

未来，货币政策将从数量型调控向价格型调控转换，理顺货币政策利率传导机制将成为中国人民银行的工作重点，这将对金融机构产生重要影响。从操作工具来看，常备借贷便利和超额存款准备金利率将发挥利率走廊上下限作用，公开市场操作将成为调节短期市场利率的主要工具。操作目标方面，银行间回购市场是主要关注领域，其中银银间回购市场的重要性将逐步提升，银银间回购定盘利率作为货币政策操作目标利率的地位将逐步确定，其在金融市场中的重要性将更加突出，相关金融产品也会更丰富。中间目标方面，国债利率和贷款基础利率是重要选项，未来将更大地发挥两者在债券市场和信贷市场定价中的作用。

操作目标向中间目标的传导机制是未来货币政策价格型调控

机制建设的重点。信贷市场方面，中期限基准利率建设将成为重要一环。未来，中期借贷便利作为货币政策操作工具，将继续发挥重要的稳定作用，有可能成为 Shibor 的下限，加强对 Shibor 的引导。未来，中国人民银行将继续推动同业存单和大额存单稳步发展，使其成为调整银行资产负债表的重要工具，成为 Shibor 影响银行利率行为的主要中介。同时，中国人民银行将进一步推动银行加强定价能力建设，重点是大型银行和股份制银行，尤其是 Shibor 和贷款基础利率报价团成员，使其更好地发挥货币政策传导功能。债券市场方面，重点是形成完整的国债收益率曲线，借助金融市场的力量，实现短端利率向长端利率的传导，最终影响长期限国债利率这一货币政策中间目标。

在中间目标向最终目标传导方面，未来将进一步提升国债市场对企业类债券市场的引导作用，重点发挥贷款基础利率在银团贷款定价方面的指导作用，并进一步鼓励银行贷款定价更多采用贷款基础利率加点方式形成。

四、银行面临的挑战

（一）净息差大幅收窄

利率市场化对商业银行的最直接影响是存贷利差的收窄。2017 年第四季度，商业银行净息差为 2.1 个百分点，同比下降 0.12 个百分点。2014 年以来，我国商业银行净息差快速下滑，2015 年第四季度和 2016 年第四季度同比下降幅度分别为 0.16 个百分点和 0.32 个百分点。虽然 2017 年第四季度下降幅度有所收窄，但下降幅度本身仍然较大。更为重要的是，目前 2.1 个百分点的净息差对于我国商业银行来讲，已经处于非常低的水平。净息差的大幅下滑直接影响了我国商业银行的盈利能力。近年来，商业银行盈利能力出现大幅下滑。2017 年，全国商业银行净利润为 17 477 亿元，同比增长 6%，虽然比 2015 年的 2.4% 和 2016 年的 3.5% 有所改善，但仍然无法与 2011～2014 年 36.3%、19%、14.5%、9.6% 的增幅相比。同时需要注意的是，目前商业银行利润增速底部企稳，更多依靠规模的扩张，而并非成本的下降和盈利能力的提高。2017 年，全国商业银行资产利润率和资本利润率分别为 0.92% 和 12.56%，持续大幅下滑的势头仍然没有停止，分别比 2016 年下降了 0.06 个百分点和 0.82 个百分点，2012 年以来已经累计下滑了 0.38 个百分点和 7.84 个百分点。

（二）加剧负债业务压力

拉存款，一直是我国银行最重要的工作之一。存款利率受管制时期，银行存款业务竞争并不会显著提高负债成本。存款利率放开后，银行存款业务竞争的激烈程度并没有下降，而负债成本却不像以前那样可控了。从大型银行来看，他们利用理财产品稳定一定数额以上的个人存款和企业存款，利用网络优势和客户优势扩展活期存款和派生存款。小型银行负债业务压力更大，他们只能通过更高的利率来吸引一定数额以上的个人理财产品和企业理财产品，以及无数额限制的普通存款。目前的银行理财产品，实际上发挥了利率市场化进程中银行负债业务的一个过渡功能，利用银行理财产品之名，行使不受利率管制的存款业务之实，这也是近年来银行存款搬家的重要推动力量。与此同时，利率市场化推动近年来银行同业负债业务的快速发展，尤其是小型银行对同业负债的依赖性明显提高，也成为小型银行成本上升的主要来源。其中，最为突出的两类同业负债业务是同业存款和同业理财产品，小型银行是负债方的主体，大型银行则是资金提供方的主体。2017 年年末，AA 评级 1 年期同业存单发行成本在 5.5% 左右，而银行理财产品回报率在 4% 左右，小型银行同业存单融资成本较高。

（三）加剧资产业务压力

随着银行负债成本的上升，银行资产业务也面临着较大压力。从传统贷款业务来看，在大力推动降低实体企业融资成本的政策压力之下，银行贷款利率下行幅度较大，2017 年第四季度，金融机构人民币一般贷款加权平均利率为 5.8%，比 2014 年第四季度下降了 1.12 个百分点。银行存贷款利差急剧收窄，贷款积极性并不高。随着银行存款流向理财产品，银行利用理财产品资金承接原有贷款业务的能力越来越强，这就形成了近年来银行理财产品投资非标准化债权资产业务的快速扩展。通过这种方式获得资金的企业，其融资成本比贷款方式明显上升，由此带来了逆向选择问题。信用等级高的企业，由于融资成本过高，而减少从银行获得资金，或选择其他方式融资，由此导致银行客户的信用等级逐渐下降。从银行理财产品对接非标准化债权资产业务的客户群体可以明显发现这一趋势。

（四）对资产负债管理提出更高要求

在利率管制时期，银行存贷款业务存在稳定利差，银行自主定价空间和意愿都不大。此时，银行更多采用资产管理理念，努力提高吸收存款能力，根据存款规模来确定资金运用，资产负债管理更多放在如何做好资产管理方面。随着利率市场化的推进，在放开利率管制的同时，也为银行提供了更多的负债方式和资金运用方式。此时，银行资产负债管理也从资产管理理念转变为负债管理理念及资产负债综合管理理念。银行不仅可以通过多种负债方式来实现资产的持续扩张，而且可以进一步对资产和负债进行匹配，以追求更大利润空间。资产负债综合管理理念对银行资产负债管理提出了更高要求，要求银行实现资产和负债之间的流动性、期限、风险等的匹配。银行自主定价能力建设变得更加重要，包括存款定价策略、银行内部转移定价机制、贷款定价策略、建立内部收益率曲线等。

（五）对风险管理提出更高要求

在利率管制时期，银行面对的主要风险是信用风险、流动性风险、操作风险。放开利率管制后，利率风险成为银行面对的主要风险之一。随着利率市场化带来的负债方式和资金运作方式的多样化，流动性风险的重要性大幅提升，市场风险也成为银行面对的主要风险之一。利率市场化带给银行的不仅是主要风险数量的增加，更为重要的是各类风险之间必然存在相互联系，有时降低一类风险必然需要以提高另一类风险为代价。因此，银行面对利率市场化，不得不大幅提高自身的风险管理水平，这成为银行面临的重要挑战。

第二章 不良贷款之痛

贷款是银行的主要业务，信贷资产质量是银行的生命线，不良贷款问题永远是银行最为关注的。这一轮银行不良贷款的攀升起始于2012年的浙江沿海发达地区，随后逐步蔓延至全国，问题变得愈发严重。不良贷款的爆发不仅仅导致银行利润的损失，更为重要的是将消耗大量人力、物力、精力来处理清收、拍卖、司法等事务，处理不良贷款的成本远高于贷前尽职调查和贷后尽职管理的成本。不良贷款问题已经成为当前我国银行业面临的主要挑战之一。

一、发展历程

（一）20世纪90年代末的不良贷款高企

20世纪90年代末，我国银行不良贷款问

题非常突出。这与我国当时以国有企业为主的经济结构和国有企业改革有关。1984 年 12 月，国家计委、财政部、原中国人民建设银行联合印发了《关于国家预算内基本建设投资全部由拨款改为贷款的暂行规定》。至此，所有国有单位的新建和改造投资全部实行"拨改贷"。"拨改贷"使国有企业项目投资资金来源完全依靠银行贷款，国有企业失去了财政注资渠道，资本金不足问题突出，国有企业亏损无法通过所有者权益冲减，这为银行不良贷款的爆发埋下伏笔。

随着商品经济的发展，国有企业经营制度僵化、灵活性不足问题逐渐突出，同时国有企业还承担着大量社会责任，导致国有企业经营效益下滑，亏损面扩大，银行不良贷款问题开始浮出水面。1995 年以后，在国有企业"抓大放小"改革思路下，大量国有小企业被推向市场，在破产、兼并、收购、租赁、承包等改制过程中，银行贷款出现大量信用风险，甚至出现大量逃废债行为，银行不良贷款问题大规模爆发。1999 年年末，我国四大国有银行不良贷款率已经超过 40%。

1998 年 2 月，全国人大常委会批准了《国务院关于提请审议财政部发行特别国债补充国有独资商业银行资本金的议案》。为保障国有银行稳健经营，财政部向四大国有银行定向发行 2 700 亿元特别国债，用于拨补四大国有银行资本金。1999 年，信达、东方、长城、华融四大资产管理公司相继成立，注册资本金均为 100 亿元，由财政部全额拨款。中国人民银行向四大资产管理公司提供了 2.25% 固定利率的再贷款 5 700 亿元，四大资产管理公司分别向对口的国有银行定向发行了 2.25% 固定利率、总计 8 200 亿元的金融债券。随后，四大资产管理公司分别以账面价值、政策性收购国有银行不良贷款共计 13 939 亿元，其中信达资产管理公司收购建行和国开行不良贷款 3 946 亿元，东方资产管理公司收购中国银行不良贷款2 674亿元，华融资产管理公司收购工行不良贷款4 077亿元。2001年年底，我国国有银行不良贷款率降至25.37%。随后，在政府主导下，四大资产管理公司针对部分目标企业，将原有信贷债权转换成股权，也就是债转股。对于当时的部分项目，债转股是资产管理公司和目标企业的双赢选择，资产管理公司避免了过度损失，目标企业获得了轻装上阵、再次发展的机会。在接下来的一轮经济高速增长阶段，部分债转股企业成功实现扭亏为盈，并实现上市，资产管理公司也获得了丰厚回报。为了配合国有银行股份制改革和上市工作，2004年以后，四大资产管理公司陆续开展了商业化不良贷款收购业务。随着股份制改革和上市的完成，国有银行市场化运作能力得以提升，加之21世纪初以来我国经济发展步入快车道，银行不良贷款率持续下滑，2008年年末国有商业银行不良贷款率为2.8%，全部商业银行的不良贷款率为2.4%。

（二）全球金融危机后不良贷款的局部爆发

全球金融危机之后，我国实施了适度宽松的货币政策和大规模财政刺激政策，对抵消全球金融危机对我国的负面冲击，稳定金融危机后的全球经济都发挥了积极作用。宽松货币政策增加了银行体系的流动性，银行可用资金大幅增长，政策方面也在鼓励银行加大信贷投放力度，银行资金开始大量流入经济体系。财政刺激政策的资金大量流入基础设施建设和消费补贴，扩大了社会需求，带动企业投资意愿上升。银行资金与企业投资意愿相结合，大量银行信贷支持下的固定资产投资项目开工建设，银行资金大量流入实体企业。与此同时，大量资金流入经济体系也催生了资产价格的膨胀，刚刚经历大幅回落的股市在无法吸收大量资金的情况下，房地产和矿产成为资金的主要流向。大规模刺激政策使我国宏观经济在2009年第二季度便开始了触底反弹，增长势头一直延续到2010年年初。

大规模刺激政策虽然使我国宏观经济暂时度过了全球金融危机的首轮冲击，但此次全球金融危机毕竟还是肇始于发达国家的力度强、影响大、波及全球的一次严重危机，危机对我国的后续影响逐渐显现。此时，全球主要经济体已陷入危机的泥潭中无法自拔，我国外贸领域首当其冲，沿海外贸大省所受影响最大。与此同时，大规模刺激政策的负面影响也逐渐暴露出来。加大基础设施建设和消费补贴等财政政策持续时间有限，相应的拉动效果逐渐消失。在内外贸需求不足的情况下，企业固定资产投资项目刚建成便面临需求不足的尴尬，更为严重的是宽松货币政策带动银行信贷大幅扩张，使监管部门提高了警惕，货币政策逐渐恢复到稳健，中国人民银行推出了合意贷款等措施来控制信贷规模的过快增长。我国私营企业长期存在一个问题，即短贷长用。因为私营企业很难批到长期限项目贷款，所以大量利用1年期以内的流动资金贷款进行固定资产投资建设。银行信贷规模受到控制之后，大量还没有完工的私营企业投资项目无法得到后续资金支持，私营企业只能通过自有资金进行填补，资金链条非常紧张，银行贷款质量也随之下降。

2012年左右，银行不良贷款问题首先在浙江沿海地区爆发。浙江沿海地区成为本轮银行不良贷款问题的肇始之地，有其自身原因：一是浙江沿海地区民营外贸小企业众多，受全球金融危机影响较大；二是浙江沿海地区历来都是信贷需求旺盛、信贷质量好的地区，在本轮应对危机的信贷扩张过程中，银行机构普遍加大了在这一地区的信贷投放力度；三是浙江沿海地区企业经营灵活，多元化投资意愿较强，大量信贷资金被企业用于投资房地产、矿产等，后续此类资产价格下滑，对该地区企业影响较大；

四是在本轮应对危机的信贷扩张过程中，银行对浙江沿海地区企业信贷审核明显放宽，对企业信贷资金用途真实性审核不严，甚至出现对客户经理管理放松等内控问题，为日后不良贷款爆发、不良贷款处置责任认定困难等问题埋下伏笔；五是浙江沿海地区企业普遍存在贷款抵押物不足问题，企业间相互担保情况普遍，信贷风险通过担保链、担保圈传染问题突出，原本正常经营的企业也难以幸免，银行不良贷款问题由点到面，迅速蔓延。2013年年末，温州市银行不良贷款率已经达到4.41%，而2011年6月末时还仅为0.37%。

（三）不良贷款问题的全国蔓延

温州市经历了两年多的不良贷款大规模爆发，政府部门积极介入，银行与企业都付出了沉重的代价，2013年年末不良贷款率在达到4.41%的高位后，终于开始缓慢下降。然而，我国的不良贷款问题远没有结束，开始从私营企业和以外贸为主的沿海地区向以国有企业和重化工业为主的内陆地区蔓延，不良贷款问题开始成为全国性问题。2013年，我国东部、中部、西部地区不良贷款率分别为1.12%、0.99%和0.67%，西部不良贷款问题并不严重。从2014年开始，全国不良贷款余额同比增速攀升至20%以上，不良贷款率升至1%以上，两者持续走高的势头延续了一年半之久。分地区来看，2014年，西部和中部不良贷款上升速度加快，高于东部地区。2015年的形势更加严峻，西部和中部不良贷款分别上升0.82个百分点和0.47个百分点，东部地区仅上升0.33个百分点，年末西部和中部不良贷款率已经反超东部，东部、中部、西部地区不良贷款率，分别为1.68%、1.75%和1.87%。2015年第二季度，全国不良贷款增速达到57.2%的高位，随后开始回落。由于不良贷款增速仍然远高于全部贷款增速，直到2016年第三季度，不良贷款率才达到1.76%的高位。分地区来看，2016年，东部地区不良贷款率开始下降，西部和中部不良贷款率攀升速度也有所下降，但不良贷款严重程度已经明显高于东部地区，年末东部、中部、西部地区不良贷款率分别为1.64%、1.97%和2.15%。

二、不良贷款监管的发展

1988年，财政部印发了《关于国家专业银行建立贷款呆账准备金的暂行规定》（财商字［1988］277号），开始针对工农中建交五家国有银行实行贷款呆账准备金制度。该制度明确了呆账准备金按照贷款余额的一定比例计提，用以弥补银行贷款坏账损失，并严格规定了核销程序。此时，呆账准备金提取比例并不高，根据贷款种类的不同为1‰～2‰，提取呆账准备金被列入营业外支出科目，税前抵扣。1992年7月，财政部对上述制度进行了修订，将呆账准备金提取比例提高到5‰，并逐年递增直至1%，同时新提取的呆账准备金需要补缴所得税。

1993年2月，财政部印发了《金融保险企业财务制度》；1996年6月，中国人民银行印发了《贷款通则》，建立起了逾期、呆滞、呆账（简称“一逾两呆”）的贷款分类标准。但是，这种事后分类方式并不利于银行加强信贷管理，所以1997年11月召开的第一次全国金融工作会议提出要参照国际惯例，结合我国实际情况，完善现行信贷资产质量分类和考核办法。1998年4月，中国人民银行印发了《贷款风险分类指导原则（试行）》（银发［1998］151号），提出了正常、关注、次级、可疑、损失的贷款五级分类方法，其中后三类被称为不良贷款。但是，从当时的情况来看，我国银行机构信贷管理能力还不足，开展贷款五级分类还存在一定困难。所以，2000 年 9 月，中国人民银行印发了《不良贷款认定暂行办法》（银发［2000］303 号），仍然按照“一逾两呆”贷款分类方法，根据逾期贷款、呆滞贷款和呆账贷款来统计不良贷款。随着我国银行机构不断加强信贷业务管理，贷款五级分类方法逐渐得到实施。2001 年 12 月，中国人民银行印发了《贷款风险分类指导原则》；2007 年 7 月，中国银监会印发了《贷款风险分类指引》（银监发［2007］54 号）。此时，贷款五级分类已经成为银行的基本制度。

为了配合《贷款风险分类指导原则》的实施，与财政部协商后，2002 年 4 月，中国人民银行制定了《贷款损失准备计提指引》（银发［2002］98 号），以贷款五级分类为基础来建立银行的贷款损失准备制度。该制度中的贷款损失准备是银行合理估计贷款可能发生的损失后，为真实核算经营损益，保证稳健经营而提取的。该制度规定贷款损失准备包括一般准备、专项准备和特种准备。其中，一般准备不低于贷款余额的 1%，计入银行的资本；专项准备针对关注类贷款、次级类贷款、可疑类贷款和损失类贷款计提，比例分别为 2%、25%、50% 和 100%；特种准备针对不同国别、不同行业等贷款的特殊风险计提，由银行自行确定。贷款损失准备由总行统一计提。

2005 年 5 月，财政部修订了相关制度，制定了《金融企业呆账准备提取管理办法》（财金［2005］49 号）。该制度中的呆账准备金包括一般准备和资产减值准备。其中，一般准备用于弥补尚未识别的可能损失，是按比例从净利润中提取，计入所有者权益，原则上不低于风险资产余额的 1%，由总行统一计提。资产减值准备用于弥补预计的可能损失，计入当期损益，包括贷款损失准备、坏账准备、长期投资减值准备等。贷款损失准备包括专项准备和特种准备，两者定义与中国人民银行制度一致。

中国银监会对贷款准备金在信用风险监管领域的重视程度逐渐上升，2011 年 7 月，印发了《商业银行贷款损失准备管理办法》(银监会令 2011 年第 4 号)。该制度仅针对财政部分类中资产减值准备中的贷款损失准备，并不针对一般准备等。该制度制定了贷款拨备率和拨备覆盖率两项监管指标，前者为贷款损失准备与各项贷款余额之比，后者为贷款损失准备与不良贷款余额之比，监管标准分别为 2.5% 和 150%。也就是说，当不良贷款率低于 1.67% 时，按贷款拨备率计提，不良贷款率高于 1.67% 时，按拨备覆盖率计提。

2012 年 3 月，财政部进一步修订了相关制度，制定了《金融企业准备金计提管理办法》(财金［2012］20 号)。该制度中，准备金仍然被分为资产减值准备和一般准备，但引入了风险资产潜在风险估计值的概念，一般准备为风险资产潜在风险估计值扣减资产减值准备后的数额，但原则上不低于风险资产的 1.5%。风险资产潜在风险估计值既可以采用标准法计算，也可以采用内部模型法计算，采用标准法计算时为贷款五级分类的加权之和，权重分别为 1.5%、3%、30%、60% 和 100%。

税收制度方面，财政部和税务总局每五年会印发一份制度文件，最新一份文件是 2015 年 1 月印发的《关于金融企业贷款损失准备金企业所得税税前扣除有关政策的通知》(财税［2015］9 号)。文件对准予税前提取贷款损失准备金的贷款资产范围进行了限制，规定当年税前扣除贷款损失准备金，为本年末准予提取贷款损失准备金的贷款余额的 1% 与上年末税前扣除的贷款损失准备金余额之差，明确贷款损失应先冲减税前扣除的贷款损失准备金。

呆账核销方面，财政部每 2～3 年会印发一份制度文件，最近一份文件是2017年9月印发的《金融企业呆账核销管理办法(2017年版)》(财金［2017］90号)。文件规定了债券和股权呆账认定标准、核销所需材料、已核销资产管理等，并明确了监督和问责责任。

三、现状

(一) 不良贷款官方统计情况

2017年年末，商业银行不良贷款余额为1.71万亿元，同比增长12.8%，延续了2015年第三季度以来的回落势头。尤其是2017年以来，不良贷款增速降至全部贷款增速以下，这使得不良贷款持续攀升的势头也得到遏制。2017年年末，商业银行不良贷款率为1.74%，已经高位企稳并出现小幅回落。分银行类型来看，国有银行和外资银行不良贷款率明显回落，2017年年末分别为1.53%和0.7%，分别比2016年第一季度和2016年第二季度的高位回落0.19个百分点和0.71个百分点。股份制银行不良贷款率2017年第四季度也出现明显回落，比2017年第三季度的高位回落0.5个百分点。城商行不良贷款率仍在高位徘徊，2016年第二季度至2017年年末在1.48%～1.52%之间波动。农商行不良贷款率攀升势头还没有结束，2017年年末为3.16%，分别比2016年年末和2017年第三季度提高0.67个百分点和0.21个百分点。

虽然商业银行不良贷款持续攀升的势头得到了遏制，但不良贷款问题远没有得到解决。一是非正常类贷款绝对水平仍处于高位，规模仍非常大。2017年年末不良贷款与关注类贷款余额合计为 5.11 万亿元，相当于商业银行 2017 年净利润的 2.9 倍。二是不良贷款增速虽然高位回落，但进一步下降的难度较大。2017 年增速为 11.8% ~13.8%，并没有出现下降的趋势。这也导致不良贷款率一直维持在 1.74%，没有进一步下降。三是银行消化存量仍需时日。从工农中建四大国有银行的关注类贷款迁徙率来看，2017 年上半年分别为 12.3%、16.01%、15.62%、14.31%，虽然与 2015 和 2016 年相比有所下降，但仍然处于高位。

（二）从企业角度看不良贷款问题

从企业的角度来看，信贷风险是指其所获利润无法满足偿债要求。具体来讲，是否面临信贷风险可以利用其所获利润是否能够偿还债务利息来衡量，也就是财务指标中的已获利息倍数，如果已获利息倍数小于 1，则表明企业存在信贷风险。选取沪深两市 3 066 家非金融类企业，利用 EBITDA（税息折旧及摊销前利润）与利息费用之比小于 1 作为信贷风险暴露的评判标准。结果表明，2013 ~2016 年，存在信贷风险的企业数量分别为 1 116 家、1 031 家、1 075 家、987 家。再利用短期借款和长期借款之和来衡量企业信贷规模，2013 ~2016 年，存在信贷风险企业的信贷规模分别为 4 162.91 亿元、5 331.73 亿元、7 825.58 亿元、5 260.1 亿元，占全部企业信贷规模的比例分别为 6.51%、7.6%、10.29%、6.35%。从上述结果可以看出，2014 年和 2015 年是我国企业信贷风险快速上升的时期，2016 年以来情况出现了大幅好转。结合存在信贷风险的企业数量来看，2014 年存在较大幅度的下降，2015 年仅略有上升，这表明 2014 ~2015 年，部分面临信贷风险的企业在通过各种方式偿还债务，并因此避免了信贷风险，同时还有部分面临信贷风险的企业无法偿还债务，只能通过借新债还旧债的方式延缓风险暴露，这种方式会使企业债务快速累积。

利用上述方法衡量的企业信贷风险规模与信贷总规模之比远大于官方公布的不良贷款率。分析表明，一是上述估计方法本身存在高估可能，因为企业所获利润无法弥补债务利息时，企业可以利用权益类资产或采取外部融资等其他途径，并不一定出现信贷违约。二是上述估计方法同时也存在一定低估可能，因为数据取自上市公司，这是规模较大、经营情况较好、信息披露较完整的企业，信贷资产质量要优于其他企业。三是官方公布的不良贷款率取自银行数据，银行出于监管考核、内部考核等压力，存在低报的可能。

（三）不良资产转让与债转股

面对不良贷款高企和银行对不良贷款转让的较强需求，相关制度开始不断完善，在原有四大资产管理公司的基础上，成立地方性资产管理公司也被提上日程。2012 年 1 月，财政部和中国银监会联合印发了《金融企业不良资产批量转让管理办法》（财金［2012］6 号），明确各省可以设立一家资产管理公司，参与本省范围内的不良资产批量转让业务，承接的银行不良资产包组包户数需在 10 户以上，购入的不良资产只能债务重组，不得对外转让。2013 年 11 月，中国银监会印发了《关于地方资产管理公司开展金融企业不良资产批量收购处置业务资质认可条件等有关问题的通知》（银监发［2013］45 号），对相关工作进行了具体部署。2014 年 8 月，中国银监会首先在长三角和珠三角地区批复了 5 家地方性资产管理公司，随后其他各省的资产管理公司也陆续成立。2016 年 10 月，中国银监会印发了《关于适当调整地方资产管理公司有关政策的函》（银监办便函［2016］1738

号），允许有意愿的省增设一家地方资产管理公司，允许地方资产管理公司以债务重组、对外转让等方式处置不良资产。2017年4月，中国银监会印发的《关于公布云南省、海南省、湖北省、福建省、山东省、广西壮族自治区、天津市地方资产管理公司名单的通知》（银监办便函［2017］702号）中，对相关政策进一步放松，资产管理公司承接银行不良资产包组包最低户数由10户降为3户。

面对这一轮银行不良贷款高企和企业杠杆率居高不下，债转股政策被再次提及。2016年9月，国务院印发了《国务院关于积极稳妥降低企业杠杆率的意见》（国发［2016］54号），并附带了《关于市场化银行债权转股权的指导意见》。2016年12月举行的中央经济工作会议将支持企业市场化、法治化债转股，降低企业杠杆率写入了会议公报。这次债转股强调了市场化和法制化的原则，主要针对银行发放的企业贷款形成的债权，通过金融资产管理公司、保险资产管理机构、国有资本投资运营公司等实施机构开展。2017年7月，发改委印发了《关于发挥政府出资产业投资基金引导作用推进市场化银行债权转股权相关工作的通知》（发改办财金［2017］1238号），鼓励政府出资产业投资基金对债转股项目进行权益投资，出资参股债转股实施机构设立的基金等。

四、银行面临的挑战

不良贷款带来的持续压力对我国银行信贷投放、业务发展、机构管理等经营行为产生了深远影响，是造成我国目前银行体系乃至整个经济领域诸多问题的根源之一。

（一）信贷投放风险偏好下降

不良贷款高企使银行风险偏好下降，避害心理强烈，风险控制趋严，大量信贷资金从高风险领域退出，涌入风险较低领域，甚至出现从风控层面禁止信贷资金流入特定行业的情况，对行业中原本正常经营的企业也造成一定影响。从各项贷款统计来看，2017 年年末，企业短期贷款余额同比增速为 5.7%，虽然比 2016 年年末 2.1% 的增速略有提高，但仍处于较低水平，全球金融危机以来的下行趋势并没有得到根本改变。与之相比，2017 年年末，企业中长期贷款余额同比增速为 14.6%，显著高于企业短期贷款增速。企业短期贷款是与企业日常经营相关的流动资金贷款，同时也存在一些民营企业无法得到长期项目贷款而利用短期贷款进行固定资产投资的情况。企业中长期贷款是与企业投资相关的项目贷款，其贷款对象主要是基础设施建设、国有企业和大型民营企业。从银行经营角度出发，除期限匹配等因素外，中长期贷款会投向信用风险较低的领域，信用风险较高的领域则倾向发放短期贷款。因此，目前企业短期贷款增速持续明显偏低的事实，证明了银行风险偏好的下降。

（二）不良贷款严重侵蚀银行利润

目前，我国商业银行净利润增长低位徘徊，资产利润率和资本利润率持续大幅下降，与不良贷款问题持续无法得到很好解决有很大的关系。我国这一轮银行不良贷款问题从区域性爆发开始，至今已有 5 年多的时间，期间我国宏观经济经历换档期，企业利润下滑、杠杆率较高、财务成本攀升、偿债能力下降。在此情况下，我国商业银行不良贷款率仍能够维持在 2017 年年末 1.74% 的水平，银行积极开展不良资产处置起到了关键作用，打包转让、核销等处置方式造成了银行利润真实性的损失。同时，我国商业银行拨备覆盖率仍能够维持在2017年年末181.42%的水平，银行也为此大幅压缩了当期利润空间，目前商业银行贷款拨备率已经达到3.16%。

从银行资产负债表会计处理来看，贷款损失准备是贷款的备抵科目，资产减值损失是损益类科目，每发生一笔贷款都要相应贷记一笔贷款损失准备和借记一笔资产减值损失。在期末结转时，贷记资产减值损失，借记本年利润，也就是减少当期利润。当一笔贷款被偿还后，上述程序要反过来记录，也就是增加了当期利润。所以，银行在大幅增加贷款损失准备计提的时候，便会严重压缩当期利润。当银行对不良贷款进行处置时，贷记贷款科目，借记贷款损失准备科目，此时这笔贷款从资产项目移出，没办法再通过释放贷款损失准备增加利润了，银行便发生了真实性损失。从我国沪深股市上市银行数据来看，应对不良贷款问题的资金支出成为银行近年来利润大幅下滑的主要原因之一。2014～2016年，资产减值损失同比增长分别为62.8%、52%和16.7%，而贷款期末余额同比增长仅分别为11.8%、10.4%和12.2%，资产减值损失增速远高于贷款增速。资产减值损失作为营业支出的组成部分，2013年与税前利润之比为17.6%，随后逐年攀升，至2016年达到46.1%。

（三）银行内部机制建设存在不足

银行趋利避害的本性，加之我国银行同质化经营问题突出，导致我国银行信贷投放具有很强的顺周期性。在经济形势较好或政府推出刺激政策时，各类银行均有做大资产规模的冲动，信贷审批条件趋于放松。在经济存在下行压力时，各商业银行又均存在强烈的短期目标导向，惜贷较为明显，同时由总行开始层层强力控制不良贷款。随着银行加强不良贷款管控，银行内部对不良贷款考核开始层层加码，采取了层层扣发相关人员收入，频繁撤换分支机构行长等措施对基层业务人员施加压力。这一方面降低了银行分支机构人员的稳定性，破坏了银行客户经理与地方企业建立起来的人脉关系，在某种程度上并不利于不良贷款的处置。另一方面，新到任的分支机构行长通常对于不良贷款处置更为激进，如对于保证担保贷款，在没有努力处置被担保企业的时候，便直接追诉担保企业，由此造成风险通过担保链大面积扩散。

（四）金融生态趋于恶化

信贷领域的金融生态环境涉及企业、银行、政府等多个主体，良好的金融生态环境是信贷顺利开展的基础，需要对维护金融生态环境给予特别关注。一方面金融生态恶化具有较强的传染性，一旦形成风气，诚信与道德将会瓦解，另一方面相比企业经营情况的好转和经济的复苏，金融生态的修复更为困难。目前，在不良贷款高企的压力下，银行、企业、政府并没能在解决问题的路径上达成一致，行为方式上也没能相向而行，最终导致的结果就是企业逃废银行债务问题较为突出。具体来看，呈现以下两大特征。

一是企业逃废债在局部地区集中爆发。企业逃废债行为与银行不良贷款问题如影随形，每当一个地区银行不良贷款高企，企业逃废债问题便随之突出。逃废债行为传染性极强，部分地区的企业由被动逃废债演变成主动逃废债。逃废债问题处置非常困难，部分地区政府专门成立了调解机构，但调解效果非常有限，地方法院案件积压严重。二是逃废债问题存在由民营企业向国有企业蔓延的趋势。随着我国信贷资产质量问题逐步由东部沿海向西部内陆转移，国有企业不良贷款问题也愈发突出，部分能源类国有企业和东北老工业基地的制造业国有企业问题严重，银行贷款和证券市场债务违约事件频发。由于所有制形式、国企职工安置、地方政府干预等诸多因素的影响，银行在处置国有企业的逃废债行为过程中将会受到更多约束，处理难度也将会更大。

（五）制度因素导致银行不良贷款处置难度较大

我国在市场经济体制建设方面还存在很多不完善的地方，包括企业破产程序、债务追索制度等，这都加大了银行处置不良贷款的难度。从银行面临的最直接问题来看，一是商业银行对贷款核销缺乏自主权。因为财政、税收方面原因，商业银行准备金的使用限制过严，核销程序繁琐，导致损失贷款很难从银行资产负债表中移出。二是大部分贷款在核销前都需要经过严格的司法追索程序，但目前法院诉讼和执行时间较长。法院方面按程序进行受理、判决、执行等环节，每个环节都需要有债务人在场，如遇债务人跑路无法联系等情况，即需要采用公告方式，拖延时间长达数月之久。同时随着不良贷款攀升，法院积压经济类案件过多，而人员有限，导致诉讼受理排队时间较长。三是不良贷款转让的市场化程度不足，收购不良贷款的市场化主体较少。不良贷款转让信息发布平台没能形成规模效应，信息渠道成本较高、效率较低。

（六）银行存在隐藏不良贷款的冲动

不良贷款高企对银行的经营提出了严峻的挑战，目前银行存在隐藏不良贷款冲动。究其原因：一是来自监管压力。过高的不良贷款率会引起监管部门的重视，对银行创新业务开展，正常业务经营都将带来影响。贷款拨备率和拨备覆盖率存在2.5%和150%的硬性监管指标，大量计提拨备使银行利润大幅下滑。二是不良贷款处置成本过高。随着存量不良贷款不断增长，银行机构在不良资产打包转让市场中的议价能力大幅降低，过低的价格使银行蒙受过度损失。同时，从21世纪初的那次不良贷款处置事件来看，随着经济的好转和企业经营的改善，大量不良贷款的质量出现了明显上升，资产管理公司获得了高额回报。目前，银行普遍认为很多不良贷款的质量本质上还是好的，划为不良贷款只是暂时现象。因此，大量不良贷款是银行不愿意低价转让给资产管理公司的。三是来自银行内部的压力。为严控不良贷款，从总行到分支行层层施压，不良贷款数量与基层行业务开展、人员分配、员工收入直接挂钩，在此情况下，基层行存在着强烈的隐藏不良贷款的冲动。

支持实体经济

我国目前依然处于社会主义初级阶段，正在向着社会主义现代化强国迈进，致力于建成小康社会，在全球制造业产业链条中还处于中低端，还有大量基础设施需要完善。现实国情决定了我国当前仍需要牢牢把握住发展实体经济这一基础。在这一理念的统领下，银行也需要积极承担支持实体经济的职能。随着我国宏观经济进入新常态，尤其是2012年以来不良贷款问题逐渐突出，实体经济领域优质贷款需求明显减少，已有贷款信贷质量明显下降，银行进入实体经济意愿明显减弱。信贷政策导向与银行经营现实之间的矛盾，成为当前银行面临的主要挑战之一。

一、实体经济概念辨析

我国早在1987年便出现了实体经济和虚

拟经济的研究[①]，其中并没有发现舶来品的痕迹，甚至很难为其找到对应的英文表述。关于实体经济和虚拟经济问题的大规模讨论发生在亚洲金融危机之后。然而，20 年后的今天，仍然没有一个公认的概念界定，究其原因，主要是存在如下两个现象和两个问题。

（一）争论的焦点集中于特定行业的归属问题

对于实体经济和虚拟经济的界定，研究的出发点非常广泛，包括从金融角度、从资本角度[②]、从价值角度[③]、从实物角度[④]等，但最终的争论往往集中于特定行业的归属问题。

一是金融业的归属问题。有观点认为虚拟经济主要就是金融。虚拟经济是指虚拟资本以金融系统为依托的经济活动，简单地说就是直接以钱生钱的活动[⑤]，除却金融变量，似乎还没有发现其他重要的虚拟经济形态[⑥]。也有观点认为金融业不是虚拟经济。金融与整个经济是一个无法分割的有机体，金融业是为其他行业提供金融服务的行业，从性质上看与非金融服务业相同，都

① 赵海宽、王晓岩：《论我国货币政策的传导机制》，《国际金融研究》，1987 年第 5 期。王松奇：《我国模式转换时期的货币需求函数》，《数量经济技术经济研究》，1988 年第 6 期。程极明：《略论‘象征’经济与‘实际’经济》，《吉林大学社会科学学报》，1989 年第 6 期。

② 陈淮：《关于虚拟经济的若干断想》，《金融研究》，2000 年第 2 期。

③ 林左鸣、吴秀生：《虚拟价值的人类活动论依据》，《北京大学学报（哲学社会科学版）》，2006 年第 43 卷第 2 期。

④ 陈文玲：《论实物经济、虚拟经济与泡沫经济——从崭新的视角看东南亚金融危机与中国的宏观经济运行》，《管理世界》，1998 年第 6 期。

⑤ 成思危：《虚拟经济与金融危机》，《管理科学学报》，1999 年第 2 卷第 1 期。

⑥ 李扬：《关于虚拟经济的几点看法》，《经济学动态》，2003 年第 1 期。

是为了降低交易成本和提高生产效率而出现的专业化分工的结果[①]。同时，还有观点认为虚拟经济仅是金融活动中的一部分。虚拟经济是信用膨胀过程中与实体经济没有直接联系的金融交易活动，并非是信用制度下全部的金融活动[②]。属于虚拟经济的金融活动主要是指股票、债券、金融衍生品等相关领域，还包括以金融为基础的房地产和文物珍品等的投机活动，但商业银行贷款等金融工具不属于虚拟经济[③]。

二是房地产业的归属问题。有观点认为房地产不宜认定为虚拟经济[④]，也有观点认为房地产属于虚拟经济。现代经济中的房地产不再局限于供人们消费和生产的住宅或厂房，更多地作为一种投资工具和投资对象，购买与持有房地产的目的在于获利。同时，房地产不存在自由市场条件下的价格约束，其价格可能出现剧烈的波动，增加了其投机属性[⑤]。同时，还有观点认为不能一概而论。2017 年 1 月 20 日，国新办就 2016 年国民经济运行情况举行发布会时，国家统计局局长宁吉喆提出，房地产如果是炒买炒卖，就不属于实体经济，但是，房子如果只是用来住的，房地产自身需要砖瓦沙石，就是实体经济。

三是互联网行业的归属问题。有观点认为互联网属于实体，

① 北京大学中国经济研究中心宏观组：《金融不是虚拟经济》，《经济社会体制比较》，2002 年第 1 期。

② 秦晓：《金融业的“异化”和金融市场中的“虚拟经济”》，《改革》，2000 年第 1 期。

③ 吴立波：《虚拟经济及其影响》，《经济学家》，2000 年第 5 期。戴相龙：《加强虚拟经济研究　进一步深化金融体制改革》，《南开学报（哲学社会科学版）》，2003 年第 2 期。

④ 贾康：《房地产与实体经济关系的简要分析》，《证券时报》，2017 年 4 月 19 日第 A04 版。

⑤ 郭金兴：《房地产的虚拟资产性质及其中外比较》，《上海财经大学学报》，2004 年第 2 期。

是互联网技术手段引发的实体经济的变革，形成的一种新的实体经济形态[①]。也有观点认为互联网与实体经济的运行规律存在本质差别，互联网经济与实体经济之间的连通是通过“互联网+”这种跨界经营来实现的[②]。同时，还有观点认为互联网经济是与传统经济相对的概念，其与传统实体经济结合产生新的实体经济，与传统虚拟经济结合产生新的虚拟经济[③]。

（二）态度上的分歧远少于概念上的分歧

虽然对于金融业、房地产业、互联网行业等属于实体经济还是虚拟经济存在较多争论，但目前普遍认同这些行业能够在国民经济中发挥积极作用。即使是“虚拟经济就是金融”观点的持有者，也认同金融活动的存在有其必然性和合理性，可以降低交易成本，缓解信息不对称等问题，在严格的监管下可以发挥促进经济发展的积极作用[④]。进一步，即使是股票、债券、金融衍生品等也有其积极作用，有利于改善社会融资结构，提高直接融资比重，有利于推进利率市场化改革和完善人民币汇率形成机制，有利于完善货币政策传导机制，有利于推动金融业对外开放和扩大国际金融合作[⑤]。即使是“房地产是虚拟经济”观点的持有者，也认为完善的房地产市场能够稳定经济运行，有利于经济长期增长。

---

① 陈文玲：《互联网与新实体经济》，《中国流通经济》，2016 年第 4 期。

② 赵振：《“互联网+”跨界经营：创造性破坏视角》，《中国工业经济》，2015 年第 10 期。

③ 周子学：《信息网络经济下实体经济和虚拟经济的均衡发展研究》，《产业经济评论》，2014 年第 3 期。

④ 李扬：《关于虚拟经济的几点看法》，《经济学动态》，2003 年第 1 期。

⑤ 戴相龙：《加强虚拟经济研究 进一步深化金融体制改革》，《南开学报（哲学社会科学版）》，2003 年第 2 期。

（三）非此即彼的态度导致分歧难以弥合

在已有的实体经济和虚拟经济讨论中，广泛地存在着非此即彼的态度，忽视了虚实之间的过渡领域。以金融业为例，从为企业提供直接融资服务到单纯的钱生钱交易，其间存在着大量过渡领域。银行贷款、股票发行、债券发行等是资金提供者与企业直接建立联系；银行委托贷款、银行转贷款、信托通道业务等在资金提供者和企业之间增加了一些中间环节；股票和债券等的交易行为与企业融资之间并没有直接联系，是通过提高二级市场流动性来为发行市场服务；资产证券化、金融衍生品、对冲基金等领域与企业融资的关系就更加疏远。上述层层递进过程中很难清晰地画出一条虚实分割线。房地产方面，房屋是用来住的，还是用来交易的，更是难以准确区分。更为重要的是，虚实过渡领域虽然不是政策关注的重点领域，但却是存在争论最多的领域。从政策制定和实施的角度来看，对虚实过渡领域的争论并没有太多实际意义。

（四）善恶判断与概念划分相互混淆

实体经济和虚拟经济仅是国民经济各行业的一种划分，本身并不存在好坏之分。实体经济和虚拟经济比例适当才能更好地促进国民经济发展，无论是虚拟经济占比过高，还是实体经济占比过高，对经济发展都是不利的。但是，当前的虚拟经济已经被赋予过多负面含义。政策层面提出了坚决抑制社会资本“脱实向虚”。企业界也展开了关于实体经济和虚拟经济的争论，最终互联网企业也不得不巧妙地避开虚拟经济的称谓。

（五）实体经济和虚拟经济的界定

实体经济和虚拟经济是国民经济中的两种不同经济形态，不论是实体经济还是虚拟经济，都对国民经济的健康发展和综合国力的增强至关重要，不论是实体经济还是虚拟经济，过度发展都会给国民经济带来伤害。为保持国民经济平稳运行，实体经济和虚拟经济的比例需要保持在合理范围之内。同时，由于各国国情不同，每个国家发展阶段不同，实体经济和虚拟经济比例的合理范围也存在差异，需要根据实际情况实施不同的结构调整政策。实体经济和虚拟经济之间并不是非此即彼的关系，两者之间存在大范围的中间地带。对于要将中间地带明确划分为虚实的尝试，通过给出实体经济和虚拟经济的定义来进行明确划分是难以实现的，采用对国民经济行业进行分类的方法也是难以做到的。现实可行的做法是，取现有观点的最大公约数，明确一个可以达成共识的实体经济和虚拟经济范围，无法达成共识的领域，可以搁置争议。从目前情况来看，由于大量中间地带领域并不是相关政策所特别关注的重点领域，所以这种折中的做法并不会干扰，反而会便利政策的制定和实施。

二、政策要求

从中央会议文件来看，2002 年党的十六大报告中首次提出正确处理虚拟经济和实体经济的关系，但如何解读却存在争论[①]。2008 年年底，在全球金融危机的背景下，实体经济概念再

① 从行文来看，报告所提到的实体经济和虚拟经济是对高新技术产业、基础产业、制造业、服务业、基础设施建设的划分，但具体划分标准却无法从报告中获得更多信息。

次出现在中央会议文件中。此后，振兴实体经济逐渐成为国家重要方针。党的十九大报告明确指出，必须把发展经济的着力点放在实体经济上。

（一）全球金融危机背景下重提实体经济

2008 年 12 月 8 日至 12 月 10 日，中央经济工作会议召开之际正值美国次贷危机引发金融危机愈演愈烈之时。9 月，雷曼兄弟公司申请破产保护使金融危机的阴霾笼罩着整个华尔街，并且使金融危机的影响迅速扩散到世界其他经济体，形成了全球金融危机。金融危机对全球经济的影响冲击力强、波及面广。据 IMF 统计，全球实际 GDP 增速由 2007 年的 5.6% 降至 2008 年的 3.0%，并进一步将至 2009 年的 -0.1%。同时，发达经济体、新兴市场经济体和发展中经济体无一幸免，发达经济体增速由 2007 年的 2.7% 降至 2008 年的 0.1% 和 2009 年的 -3.4%，新兴市场经济体和发展中经济体由 2007 年的 8.6% 降至 2008 年的 5.8% 和 2009 年的 2.9%。在此背景下，2008 年中央经济工作会议指出"金融危机的影响从金融领域扩散到实体经济领域"，会议对未来形势的判断是"这场金融危机不仅本身尚未见底，而且对实体经济的影响正进一步加深，其严重后果还会进一步显现。"

（二）要牢牢把握发展实体经济这一坚实基础

从支持实体经济理念的发展来看，2011 年中央经济工作会议指出，努力营造鼓励脚踏实地、勤劳创业、实业致富的社会氛围。2012 年党的十八大报告指出，实行更加有利于实体经济发展的政策措施。2014 年中央经济工作会议提出，同步推进新型工业化、信息化、城镇化、农业现代化，加强对实体经济的支持。2015 年中央经济工作会议指出，把握好稳增长和调结构的平衡，稳定和完善宏观经济政策，加大对实体经济支持力度。

2016 年中央经济工作会议在部署下一年工作时专门将“着力振兴实体经济”作为专门一个部分来描述，使实体经济发展成为政策的核心。从当时的背景来看，全球金融危机使我国宏观经济的传统需求萎缩，东南亚等其他发展中经济体劳动力成本比较优势上升，又进一步挤压了我国低端产品的海外市场需求，我国企业产品销售形势堪忧。与此形成鲜明对比的是国内需求呈现较强的上升趋势，非常热衷于国外高端产品，日本的马桶盖、韩国的彩妆、澳大利亚的奶粉被国内消费者抢购。面对这一形势变化，2015 年 11 月 10 日，中央财经领导小组第十一次会议上提出了“供给侧结构性改革”，着力提高供给体系质量和效率，并将其写入了 2015 年 12 月的中央经济工作会议文件。在此背景下，2016 年中央经济工作会议中的着力振兴实体经济包括了以下几个方面：一是树立质量第一的强烈意识，开展质量提升行动，提高质量标准，加强全面质量管理；二是引导企业形成自己独有的比较优势，发扬“工匠精神”，加强品牌建设，培育更多“百年老店”，增强产品竞争力；三是实施创新驱动发展战略，既要推动战略性新兴产业蓬勃发展，也要注重用新技术新业态全面改造提升传统产业；四是建设法治化的市场营商环境，重视优化产业组织。

（三）金融要为实体经济服务

金融领域比较早地使用了实体经济概念，早在 2001 年第一季度中国人民银行的《货币政策执行报告》中便有提及。2010 年以来，在广泛讨论支持实体经济的背景下，金融领域仍然是关注的焦点。从 2010 年以后的宏观经济背景来看，世界经济在后危机时代的泥潭中无法自拔，复苏遥遥无期，我国宏观经济面临着艰难的国际环境，出口萎靡不振。从国内情况来看，应对金融危机所实施的扩张性财政政策和适度宽松货币政策的刺激效果正在减退，在内外部需求整体疲软的情况下，企业的经营状况却无法得到根本改善。更为严重的是，受前期宏观刺激政策的影响，我国企业杠杆率快速上升，财务成本上升迅速，在企业经营艰难的情况下，上升的财务成本显得更加难以承受。由此，企业融资难、融资贵的问题成为宏观经济运行中的突出问题。此时关注的焦点在于包括货币政策、信贷领域、金融市场等的金融部门要加强对实体经济的支持力度，缓解实体企业融资难、融资贵的问题。

2016 年 12 月 9 日，中央政治局召开会议分析研究 2017 年经济工作时，“脱实向虚”问题被特别提及，“资本脱实向虚令实体经济发展面临更多挑战，一些资金的脱实向虚扰乱了实体经济的信心”。从当时的背景来看，全球金融危机虽然已经过去 8 年，世界经济的复苏之光时隐时现，全面复苏遥遥无期，企业投资回报率持续无法回升，企业投资下滑到非常低的水平，投资积极性已经严重不足。与之相比，金融领域的创新却层出不穷，2016 年年末资产管理行业管理资金规模已经达到 102.7 万亿元，是 2014 年年末的 2 倍，网络借贷平台存续资金已经达到 0.82 万亿元，是 2014 年年末的 8 倍。金融相关领域资金规模快速膨胀，远高于社会融资规模和工业企业总资产的增长速度，社会资本带来的资金更多地聚集在金融领域。面对我国金融部门资产规模迅速膨胀，出现了相当规模的、与实体经济联系并不密切的经济活动。2017 年《政府工作报告》中提出，促进金融机构突出主业、下沉重心，增强服务实体经济能力，坚决防止“脱实向虚”。

（四）银行支小的约束和扶持

我国非常重视中小企业的发展，早在2002年6月便颁布了《中小企业促进法》（主席令2002年第69号），其中要求银行监管部门加强信贷指导，金融机构提供资金支持，改善金融服务。2005年，中国银监会印发了《银行开展小企业贷款业务指导意见》（银监发［2005］54号），2007年6月又修订为《银行开展小企业授信工作指导意见》（银监发［2007］53号）。其中，明确小企业授信标准，企业资产总值1 000万元以下或年销售额3 000万元以下，单户授信额度500万元以下。同时，要求银行着重建立和完善“六项机制”，即利率风险定价机制、独立核算机制、高效审批机制、激励约束机制、专业化人员培训机制、违约信息通报机制。2008年12月，中国银监会印发了《关于银行建立小企业金融服务专营机构的指导意见》（银监发［2008］82号），鼓励银行从自身实际出发，探索灵活有效的小企业金融服务专营机构。

2009年9月，国务院印发了《关于进一步促进中小企业发展的若干意见》（国发［2009］36号），切实缓解中小企业融资困难被列为重要内容。2010年6月，中国人民银行、中国银监会、中国证监会、中国保监会联合印发了《关于进一步做好中小企业金融服务工作的若干意见》（银发［2010］193号），要求金融机构设立独立的中小企业审批和信贷标准，银行的小企业金融服务专营机构要落实单列信贷计划、单独配置人力资源和财务资源、单独客户认定与信贷评审、单独会计核算的“四单原则”。2011年5月，中国银监会印发了《关于支持商业银行进一步改进小企业金融服务的通知》（银监发［2011］59号），在“六项机制”和“四单原则”的基础上，提出了小企业信贷投放增速不低于全部贷款平均增速的要求。2013 年 8 月，中国银监会印发了《关于进一步做好小微企业金融服务工作的指导意见》（银监发［2013］37 号），在“一个不低于”的基础上，增加了小微企业贷款增量不低于上年同期，形成了“两个不低于”目标，同时明确将小微企业贷款覆盖率、小微企业综合金融服务覆盖率、小微企业申贷获得率三项指标纳入监测指标体系。进一步，2015 年 3 月，中国银监会印发了《2015 年小微企业金融服务工作的指导意见》（银监发［2015］8 号），提出了“三个不低于”目标，即小微企业贷款增速不低于各项贷款平均增速，小微企业贷款户数不低于上年同期户数，小微企业申贷获得率不低于上年同期水平。

在对银行支持小微企业进行约束的同时，管理部门也出台了一系列支持政策。在资本管理方面，根据 2012 年 6 月印发的《商业银行资本管理办法（试行）》（银监会令 2012 年第 1 号），对符合标准的小微企业债权，资产风险权重为 75%。在贷款损失准备金税前扣除方面，根据财政部和税务总局联合印发的《关于金融企业涉农贷款和中小企业贷款损失准备金税前扣除有关问题的通知》（财税［2015］3 号），对中小企业非正常类贷款，准予按一定比例计提贷款损失准备金，并在计算应纳税所得额时扣除。货币政策方面，目前的再贷款和再贴现也主要针对小微企业、“三农”等国民经济的薄弱环节。

三、银行的困境

（一）实体经济领域信用风险居高不下

从行业分布来看，按照国民经济行业分类标准，2016 年年末，我国银行贷款主要集中在制造业，电力、燃气及水的生产和供应业，建筑业，批发和零售业，交通运输、仓储和邮政业，房地产业，租赁和商务服务业，水利、环境和公共设施管理业等8个门类，占全部20个门类贷款余额的86.1%。其中，不良贷款率较高的门类中批发和零售业为4.68%、制造业为3.85%。与之相比，房地产业和建筑业分别为1.04%和1.67%；其他几个与基础设施和公共服务设施建设相关的门类，不良贷款率仅为0.16%~0.54%。正是由于这种不良贷款行业分布形势，目前银行对制造业和批发零售业避而远之。

制造业和批发零售业等实体经济风险较高，主要还是源自实体企业本身利润率偏低。2008年全球金融危机之后，世界经济前一轮增长周期结束，进入了漫长的衰退期，至今仍然没有开始新一轮增长周期。在外部需求萎缩的压力下，我国经济也进入新常态，经营困境从外贸相关实体企业逐步蔓延至其他领域的实体企业。对沪深股市上市公司2016年年报进行汇总分析显示，制造业净资产收益率仅为8.8%，与之相比，银行业和房地产业净资产收益率分别为14.2%和12.8%。作为优秀制造业企业代表的上市公司利润率还如此之低，其他制造业企业利润率便更不容乐观。

（二）小微业务效益不高

小微企业信贷业务的特点是投入大、风险高、利润低，所以大多数银行，尤其是规模较大的银行，并没有动力开展小微企业业务，而目前开展相关业务主要是迫于监管压力。

从投入方面来看，一是银行每一笔信贷业务都需要客户经理开展尽职调查、贷后管理等，单笔放贷业务的成本与贷款规模的大小关系不是很大，因此，贷款金额小的信贷业务，单位金额的成本相对较高。二是银行对小微企业资质的甄别难度大。与大型企业业务规范、信息透明度较高、财务报表质量高、业务流程记录详尽等相比，规模过小的企业，会计报表的质量都很差，信息获取难度可想而知。由于小微企业贷前调查和贷后管理难度较大，在某些情况下小微企业放贷成本甚至高于大型企业放贷成本。三是小微企业外部信息获取难度非常大。从目前企业信息外部披露渠道来看，主要有金融市场公开披露信息、中国人民银行征信系统信息等。作为小微企业，绝大部分均未上市，同时通过金融市场公开发售债券的可能性也较小，所以银行很难通过股票市场、债券市场等渠道获取企业信息。在中国人民银行征信系统里，由于小微企业贷款规模小，业务往来的商业银行数量也少，银行很难从其他银行的金融服务中获得企业信息。除上述渠道外，银行通常只能通过水电费缴存情况、税务部门数据、海关数据等渠道搜集企业信息，但我国目前还没有建立统一的信用体系，这类数据的获取难度较大且成本也较高。

从风险方面来看，一是小微企业本身经营风险要高于成熟的大型企业。小微企业业务成熟度不高，易受外部经济环境影响，小微企业资金实力不强，自身抵御外部冲击的能力较弱。二是小微企业增信渠道有限。小微企业固定资产价值有限，很多小微企业无法得到土地的合法使用权，土地和厂房能够用来抵押的比例较低，作为抵押物的设备等固定资产也较少。针对小微企业抵质押物不足的问题，银行通常要求企业主用个人的房产、存款、信用等作为抵质押和担保，虽然部分企业主对此比较谨慎，但也成为小微企业增信的一个渠道，只是抵质押规模有限。如果上述增信方式仍无法满足银行要求，便只能求助于企业互保，也就是担保链和担保圈的形成，这种方式在我国经济活跃的沿海地区比较普遍。但是，近年来，受宏观经济影响，担保链所受冲击较大，由于为其他企业代偿银行贷款导致自身企业经营困难的案例层出不穷。受担保链断裂事件的影响，目前小微企业对彼此之间的担保较为谨慎。三是小微企业的违约成本相对较低。小微企业绝大多数为有限责任公司，作为法人机构，当企业发生违约时不会追索到股东或者企业主的个人资产，对其个人信用也不会造成不良影响。小企业的品牌价值等无形资产的价值相对较低，企业运行和发展并非依赖企业的品牌价值，更多地依赖企业主本人的人脉关系，因此，小微企业破产后，企业主另外成立一家新公司重新开展业务的成本相对较低。

（三）政府项目和房地产的诱惑

近年来，虽然信贷政策出于宏观层面考虑，限制银行资金流入地方政府项目和房地产等领域，但银行却没有办法摆脱地方政府项目和房地产的诱惑，信贷资金大量流入相关领域。

从地方政府和房地产企业方面来看，一是地方政府和房地产领域存在强烈的投资冲动。随着我国城镇化的推进和人民生活水平的提高，人民群众对城市的交通、环境、居住条件、生活条件等提出了更高的要求。地方政府为了满足人民群众的需求，吸引更多优秀人才的入驻，促进地方经济社会的发展，纷纷加大了轨道交通、教育医疗、住房改造、城市绿化、环境治理、文明建设等领域的投入。房地产企业的投资冲动则来源于房价强劲的上升动力。这一轮房价上升周期已经持续了10多年，除几次小幅调整外，持续上升势头一直未被打破，其中还经历了若干次快速上涨。在房价如此长时间大幅上涨的情况下，房地产开发动力自然不会下降。二是地方政府和房地产企业都严重依赖外部融资。地方财政承担了教育医疗、社会保障、治安管理、社区事务等大量刚性支出责任，与之相比，地方财政收入显得并不宽裕，尤其是经济欠发达地区的财政收入更显不足。在现有财力基础上进行城市建设投资，仅靠地方财政肯定是远远不够的。房地产企业也存在自有资金不足问题。对沪深股市上市公司2016年年报汇总分析显示，房地产企业和建筑业企业杠杆率（负债/所有者权益）分别为3.36倍和3.58倍，仅低于负债经营为主的金融业，远高于其他行业1.2倍的平均水平。

从银行方面来看，地方政府和房地产项目贷款风险低、数额大、利率高，是典型的安全优质资产。地方政府类项目有财政显性或隐性的担保，房地产企业有土地和房屋作为抵押，信用等级明显较高，尤其在目前制造业、批发零售业等行业企业风险形势不断恶化的情况下，这种高信用等级更显重要。与制造业、批发零售业等行业企业融资相比，地方政府项目和房地产项目融资额度要大得多。单位项目产能的提高，无论对于客户经理还是对于银行本身都是利好。近年来，国家针对地方政府和房地产行业的宏观调控不断加码，相关主体对利率的敏感性显著下降，银行对其的定价能力也明显增强，利润空间大幅上升。

第四章

互联网+金融

随着互联网技术的发展，智能手机普及程度的提高，互联网开始渗透到生活的各个方面，经济的各行各业，金融业也不例外。互联网与金融业的结合由来已久，早在20世纪90年代末，各大银行便开始在互联网上展示自己、发布信息、开展一些简单的业务，这一时期主要是金融企业主动与互联网结合，也可以称为“互联网+金融”。真正具有革命意义的是近10多年来以互联网企业为主的非金融企业作为主角，通过互联网技术向金融业务渗透。依靠互联网的广覆盖和低成本，“互联网+金融”模式对传统金融业几乎是颠覆性的，银行业当然也难以幸免。

一、发展历程

“互联网+金融”模式是创新推动发展

的，由一系列创新业务组成，包括最初的第三方支付业务，随后的互联网基金销售、股权众筹、个体网络借贷（P2P 网络借贷），再到后来的互联网消费金融、网络小额贷款、互联网保险，及目前出现的金融科技的概念。每一项创新业务出现后，便会涌现大批模仿者，整个业务便会迅速发展。与业务的不断创新和快速发展相比，早期的监管是明显落后的，看惯了传统金融业务的监管者很难适应互联网时代的创新速度，一直在保护创新与防控风险之间权衡利弊，投鼠忌器，相关政策迟迟无法出台，业务监管迟迟无法到位。2015 年 7 月，中国人民银行等 10 部委联合印发的《促进互联网金融健康发展的指导意见》（银发［2015］221 号）是一个转折点，监管责任逐渐理顺，监管制度逐渐到位。2016 年 3 月，中国互联网金融协会成立，成为国家级互联网金融行业自律组织。2016 年 4 月，国务院印发了《互联网金融风险专项整治工作实施方案的通知》（国办发［2016］21 号），开展为期近一年的专项整治。随后，虽然监管与业务之间还会存在矛盾，但两者已经能够在相互磨合中达成平衡。

（一）第三方支付业务

按照中国人民银行的标准，第三方支付业务，也被称为非金融机构支付业务，可以分成三类：第一类是网络支付业务，指在收付款人之间转移资金的业务，其中包括了互联网支付。第二类是预付卡业务，指非金融企业发行的，可以兑付货物或服务的预付凭证。第三类是银行卡收单业务，指通过销售点终端等为银行卡特约商户代收资金的行为。我国最早的第三方支付业务是预付卡业务，早在 1990 年前后我国便出现了代币购物券形式的相关业务。当时的政策是坚决禁止的。1991 年 5 月，国务院印发了《关于禁止发放使用各种代币购物券的通知》（国办发［1991］

28 号)，认为这种行为影响了市场供应，扰乱了金融秩序，逃避了对工资奖金的监管，扩大了消费基金支出，助长了不正之风。在当时市场经济发展初期，这样的监管是可以理解的。预付卡业务的再次大规模出现是 2008 年以后。

1998 年，首信易支付成立，2000 年，环迅支付成立，成为我国最早的网络支付机构，但真正让网络支付业务发展壮大的是支付宝。2003 年 10 月，淘宝网首次推出支付宝服务；2004 年 12 月，浙江支付宝网络科技有限公司成立，支付宝网站上线独立运营。在淘宝平台的强大影响下，支付宝业务的发展突飞猛进。2005 年 1 月，国务院印发了《国务院办公厅关于加快电子商务发展的若干意见》（国办发［2005］2 号)，明确推进在线支付体系建设。随后，网络支付机构开始大量涌现，网络支付行业得到快速发展。与之同时发展起来的还有银行卡收单机构。2005 年，拉卡拉成立；2006 年，推出电子账单支付服务及银联标准卡便民服务网点。

中国人民银行首先介入了第三方支付业务的监管，2010 年 6 月，印发了《非金融机构支付服务管理办法》(中国人民银行令 2010 年第 2 号)。非金融机构支付业务被分成网络支付、预付卡的发行与受理、银行卡收单三类，其中预付卡业务中，中国人民银行关注的是能够在发行机构之外购买商品或服务的预付卡。中国人民银行通过颁发支付业务许可证方式，对参与上述行为的机构实施准入管理。随后，2010 年 12 月，中国人民银行又印发了相关管理办法的实施细则，三类业务的具体管理办法也分别于 2012 年 9 月、2013 年 7 月、2015 年 12 月陆续印发。2013 年 6 月，中国人民银行印发了《支付机构客户备付金存管办法》(中国人民银行公告 2013 年第 6 号)，规范了支付机构客户备付金的存放、归集、使用、划转等活动，这对保障当事人合法权益，促进行业有序发展，维护金融和社会稳定都具有重要意义。

第三方支付业务首先出现问题的是预付卡领域。2008 年以来的几年时间里，我国预付卡业务发展非常迅猛，监管一时难以跟上，出现了违反税收和财务制度、预付金管理不严、助长公款消费和收卡受贿行为等问题。2011 年 5 月，国务院办公厅转发了 7 部委《关于规范商业预付卡管理意见的通知》（国办发［2011］25 号），强化了预付卡管理，实施购卡实名登记、非现金购卡、限额发行、严格财务管理等制度。制度明确了中国人民银行负责监管专营发卡机构，即发行的预付卡能够在发行机构之外购买商品或服务，商务部监管其他预付卡。2012 年 9 月，中国人民银行印发了《支付机构预付卡业务管理办法》（中国人民银行公告 2012 年第 12 号），商务部印发了《单用途商业预付卡管理办法（试行）》（商务部令 2012 年第 9 号）。

第三方支付业务发展与监管之间接下来的矛盾出现在二维码支付和虚拟信用卡领域。2014 年 3 月，中国人民银行支付结算司印发了《关于暂停支付宝公司线下条码（二维码）支付等业务意见的函》，暂停了二维码支付业务和虚拟信用卡业务。2014 年 4 月，中国银监会和中国人民银行联合印发了《关于加强商业银行与第三方支付机构合作业务管理的通知》（银监发［2014］10 号），加强了相关业务监管。经过第三方支付机构与监管部门的沟通和协作，二维码支付业务获得了转机，2017 年 12 月，中国人民银行印发了《条码支付业务规范（试行）》（银发［2017］296 号），规范后的二维码支付业务在安全性方面获得了提升，有利于业务的长期健康发展。

（二）互联网基金销售

根据中国证监会印发的《证券投资基金销售管理办法》（证

监会令 2013 年第 91 号），基金管理人以外的机构开展基金销售业务，需要取得相应资格。我国目前的互联网基金销售可以分成三类渠道，第一类是基金管理公司自己建立的互联网销售渠道，第二类是独立基金销售机构的互联网销售平台，第三类是不具有基金销售资格的互联网平台，与持牌基金销售机构合作，开展基金销售。与“互联网 + 金融”相关的，主要是指后两类机构。

2011 年 6 月，中国证监会修订了《证券投资基金销售管理办法》（证监会令 2011 年第 72 号），明确接受独立基金销售机构基金销售资格申请，在原本由银行和证券公司垄断的基金销售市场中，提供了新的销售渠道。2012 年初，好买基金、众禄投资、诺亚财富、东方财富网四家机构获得了首批独立基金销售机构资格。2013 年 3 月，中国证监会印发了《证券投资基金销售机构通过第三方电子商务平台开展业务管理暂行规定》，此处的第三方电子商务平台，是指为投资人和基金销售机构的基金交易提供辅助服务的信息系统，具体的基金销售服务应该由基金销售机构来实施，中国证监会对第三方电子商务平台实行备案制。这一类第三方电子商务平台，就是上述第三类互联网基金销售渠道。

互联网基金销售的爆发始于 2013 年 6 月，支付宝推出余额宝产品，这是一款联结天弘基金的货币市场基金，实行 1 元起购，实时赎回。余额宝凭借支付宝的广覆盖面、无门槛的策略，迅速激起了普通居民的理财热情。2013 年年末，余额宝净资产达到 1 853 亿元，2014 年春节过后的第一季度末，净资产迅速扩大到 5 413 亿元，一个季度的时间内新增了 3 560 亿元。2014 年第一季度，银行业金融机构住户存款新增量为 32 591 亿元，余额宝的新增量为 10.9%，存款搬家规模如此之大，使余额宝成为我国互联网理财具有标志性的开端事件。随后，货币市场基金也借着余额宝的东风迅速壮大，2017 年年末，资产净值为 67 357.02 亿元，占公募基金规模的 58.1%。

（三）网络借贷

网络借贷，最初为个体网络借贷（P2P 网络借贷），是一个舶来品。2007 年 6 月，上海拍拍贷金融信息服务有限公司成立，成为我国第一家网络借贷平台。最初的网络借贷仅在线上运行，采用无担保模式，但由于借款人违约成本过低，单纯依靠网络借贷平台的线上撮合，很难成交。2009 年红岭创投成立，通过担保公司为网络借贷进行担保，对借款者进行增信。2010 年人人贷成立，建立了风险准备金制度，利用自身信用为借款者进行增信。此后，刚性兑付成为网络借贷行业的通行规则，信用风险全部累积到网络借贷平台，无法实现刚性兑付时，也就意味着平台的破产，脱离了仅做撮合中介的初衷，这为后来平台风险事件接连爆发埋下了伏笔。2011 年 9 月，上海陆家嘴国际金融资产交易市场股份有限公司（简称“陆金所”）成立，成为首家银行背景的网络借贷平台。截至 2011 年年末，网络借贷平台数量仅有 20 家左右，投资者和交易量都比较少，也没有出现平台风险问题。

从 2012 年开始，部分具有线下民间放贷经验的人士开始关注网络借贷平台，同时，一些软件公司开发出了网络借贷平台模板，线下放贷业务迁移上线的门槛迅速消失。网络借贷平台发展开始提速。2013 年以来，发展速度明显加快。此时，监管方面也没有达成共识，保持着看一看的态度，对网络借贷平台没有任何监管限制。此时的网络借贷平台大量存在资金池、资产分拆、股东融资等问题。2013 年 10 月以后，网络借贷平台出现了第一波倒闭潮。2014 年 4 月，中国银监会处非办为网络借贷行业划定了保持中介性质、平台自身不得担保、不从事资金池、不得非法吸收公众存款四条红线。这从某种程度上意味着监管部门对网络借贷行业的认可。随后，国资背景、上市公司背景的网络借贷平台纷纷成立，这类平台注册资本规模普遍较大，整个行业开始进入以大平台为主的发展阶段。

2015 年 7 月，中国人民银行等十部委联合印发了《关于促进互联网金融健康发展的指导意见》（银发［2015］221 号），将网络借贷业务分为个体网络借贷（P2P 网络借贷）和网络小额贷款，前者主要为借贷双方提供信息、撮合、资信评估等中介服务，后者是小额贷款公司的线上贷款业务，明确网络借贷业务归属中国银监会监管。在 2016 年 4 月 ~2017 年 3 月的互联网金融风险专项整治工作中，网络借贷行业也是整治重点。2016 年 4 月，中国银监会印发了《P2P 网络借贷风险专项整治工作实施方案》（银监发［2016］11 号）。这段时期内，网络借贷平台总量只是缓慢增长，但问题平台却在不断爆发，数量从 2016 年 1 月末的 1 855 家增加至 2017 年年末的 4 039 家，问题平台占全部平台的比例也由 54. 8% 提高到 67. 7% 。虽然正常运营平台的数量在减少，但整个行业还是以较快速度发展，待还资金余额由 2015 年年末的 4 060. 83 亿元增长至 2017 年年末的 12 245. 87 亿元，年均增长 73. 7% 。整个行业呈现出明显的集聚效应，大平台实力越来越强，小平台的生存空间越来越小。

近年来，我国消费金融行业发展取得突破，尤其是 2015 年 6 月以后，消费金融公司试点工作扩大至全国，整个行业发展进入快车道。在此背景下，网络借贷行业也积极参与其中，利用自身积累的资源，在电子产品、租房、装修、汽车、旅游、大学生群体、蓝领群体等领域，主要面向无法从银行、消费金融公司、汽车金融公司等正规金融机构获得资金的群体，开展消费信贷业务。在发展过程中，无场景依托、无指定用途、无客户群体限定、无抵押的“现金贷”业务，引起了社会的极大关注，其原因是此类业务过度借贷、重复授信、不当催收、畸高利率、侵犯个人隐私等问题突出，并引发了一些社会问题。2017 年 12 月，中国人民银行和银监会联合印发了《关于规范整顿“现金贷”业务的通知》（整治办函［2017］141 号）。具体措施包括：综合成本统一折算为年化并符合最高人民法院规定，不得诱致借款人过度举债，不得放贷给无收入人群，不得非法催收，暂停新批互联网小额贷款公司等。

（四）从众筹到 ICO

2011 年，点名时间网站上线，我国开始出现众筹这一商业模式。此时，点名时间和后来的众筹网等平台主要从事预定和团购等活动，而以天使汇为代表的众筹平台则主要从事股权众筹，为中小企业提供创业融资服务。2014 年，京东涉足众筹行业，以京东众筹和淘宝众筹为代表的电商众筹平台凭借客户流量优势迅速发展起来，其主要从事的是产品众筹领域。随后，股权众筹逐渐衰落，其原因首先是缺乏好的项目。风险投资基金会率先抢占真正有潜力的项目，无法得到风险投资基金认可的项目才会选择众筹平台。其次是众筹平台的投资者缺乏识别项目的能力，也缺乏足够的风险承受能力。股权众筹模式的再一次爆发是首次代币发行（Initial Coin Offering，ICO）模式出现之后。

数字货币的概念至少在 20 世纪 90 年代便提出了，但真正让数字货币发展起来的，是 2009 年比特币（BitCoin，代码为 BTC）的出现。比特币的成功，主要是因为其利用了区块链技术去中心化的特点，实现了安全性，赢得了持有人的信任。随后，各种基于区块链技术的数字货币相继诞生，最为著名的是以太币

（Ether，代码为 ETH）。目前比特币和以太币成为最流行的两个数字货币。2013 年，从现有数字货币业务中衍生出了 ICO 模式，2016 年以来，ICO 模式开始爆发。ICO 模式是创业者首先发起的一个 ICO 项目，并发行一种数字货币，被称为代币，投资者利用现有高信用数字货币（主要是比特币和以太币）来购买新发行的代币，创业者通过这种方式为项目融资。ICO 模式仍然面临着当初股权众筹模式所面临的难题，缺乏好的项目，投资者能力有限。现实中，ICO 项目的质量非常差，最终落地项目非常少，大多数 ICO 项目变成了投资者的套利游戏，投资者购买代币的目的仅是为了升值套利，最初的投资者赚后来投资者的钱。2017 年 9 月，中国人民银行等六部门联合印发了《关于防范代币发行融资风险的公告》，认为 ICO 是未经批准非法公开融资行为，规定任何组织和个人不得从事 ICO 融资行为。

二、银行面临的挑战

（一）银行金融中介核心地位面临挑战

我国银行业网点数量众多，凭借丰富的渠道资源，发挥着金融中介功能，成为整个金融体系顺利运行的核心。大量个人和企业在银行开户，银行为个人与个人之间、个人与企业之间、企业与企业之间的交易提供金融中介服务。证券公司、基金公司、保险公司、信托公司等其他类型金融机构也通过银行销售金融产品。互联网的特点是覆盖范围广，沟通成本低，互联网与金融的结合最直接地挑战了银行的金融中介核心地位。第三方支付业务通过手机和互联网更加便捷地将个人与个人、个人与企业、企业与企业之间连接起来，彼此间交易成本远远低于银行网点成本。金融产品是典型的不依赖实物的合约型产品，标准化程度非常高，非常适合通过互联网进行销售。大型电商平台和大型社交网络都聚集了丰富的用户资源，在金融产品销售方面具有较强的竞争力，银行金融产品销售业务也面临极大的挑战。

（二）银行物理网点扩张模式面临挑战

长期以来，我国银行业主要靠规模竞争，追求规模扩张，积极开设网点。银行物理网点费用非常高，包括场地费、人工费、维护费等，即使是ATM机网点费用也不低。同时，银行物理网点的地理覆盖范围非常有限，物理网点办理业务的等候时间较长，客户体验并不好。随着智能手机的迅速普及，手机银行功能的不断丰富，通过互联网与客户沟通，极大降低银行成本，减少客户等待时间，改善客户体验，相比物理网点的优势越来越明显，尤其在技术含量不高的汇款业务、支付业务、部分金融产品销售业务等领域。目前，规模较大的银行都已经实现了网上银行和手机银行服务，越来越多的银行更加重视互联网在银行服务中的作用，科技银行、轻型银行等理念不断提出，银行传统的物理网点扩张模式面临极大挑战。

（三）加速银行存款流失

虽然我国很早便推出了存款以外的金融产品，同时随着我国金融机构和金融市场的发展，各类金融产品不断推出，金融产品种类丰富多彩，但存款却一直是我国居民的主要投资领域。究其原因，首先是银行在我国金融体系中具有主导地位，其他类型金融机构的覆盖面太窄，销售能力太差，服务客户的能力也非常有限。其次是我国居民金融知识匮乏，对金融产品的了解非常有限，又很难建立起对理财咨询机构的信任。这一现象首先被以余额宝为代表的货币市场基金打破，货币市场基金利用其安全性高、灵活性好的优势，借着智能手机普及和高学历人群成长起来的东风，快速侵蚀着银行存款的原有市场。随后，居民理财热情被彻底激发起来，其他类型基金、信托计划、证券公司集合计划等各类金融产品迅速跟进，连银行自身也不得不开始加力推销银行理财产品，至此，银行存款流失一发不可收拾。未来，低回报的银行存款市场空间会越来越小，随着利率市场化的推进，银行存款将会以更加灵活的姿态出现在居民面前，与其他金融产品争夺市场，但银行负债端成本的提高将不可避免。

（四）迫使提高贷款业务的灵活性

长期以来，我国银行贷款业务都是卖方市场，银行具有很大的话语权，贷款业务都是根据银行的规则来制定，例如固定贷款期限、贷款用款管理、企业流水监控、抵押担保条件等，企业通常都只能被动接受。互联网与金融的结合至少从两个方面对银行传统贷款业务提出了挑战。一方面，网络借贷平台的快速发展，大型电商平台和大型社交平台的跟进，以及后来民营银行的进入，提供了非常灵活的贷款模式，包括随借随还、按天计息、无抵押无担保等。这在个人贷款和小微企业贷款业务领域获得了极大的成功。规模较小的、以小微企业为服务对象的小型银行受到的冲击最为直接，部分银行也被迫跟进，同时，一些机制灵活的银行也在做出改变。另一方面，互联网与金融的结合促进了直接融资的发展，包括提高了私募基金等金融产品的销售，间接促进了直接融资的发展，这也对传统银行贷款业务提出了挑战。尤其是对于一些初创期的企业来讲，股权融资等模式的重要性更加突出。目前，部分银行也推出了投贷联动等新型融资模式。无论是传统贷款业务灵活性的提高，还是投贷联动等新型模式的采用，银行风险管理都在面临新的挑战，包括流动性风险管理，资产损失承受能力管理等。

机构变革

经过了多年的改革和发展，目前我国已经形成了多层次银行体系，2017 年年末，包括三家政策性银行、五家国有大型银行、邮储银行、12 家股份制商业银行、134 家城市商业银行、17 家民营银行、1 262 家农村商业银行、33 家农村合作银行、965 家农村信用社、1 562 家村镇银行。目前，以农村信用社改革、民营银行放开、村镇银行设立等为主的机构改革仍在继续。同时，城市商业银行等的联合重组、银行的股份制改造和上市，也在如火如荼地开展。机构变革正在逐渐打破原有的银行层次，跨层次之间的竞争越来越多，也越来越剧烈，这是目前所有银行都不得不面对的一个挑战。

一、发展历程

(一) 早期改革历程

1977年，国务院印发了《关于整顿和加强银行工作的几项规定》（国发［1977］154号）。1978年年初，中国人民银行与财政部分设，中国人民银行成为国务院部委一级单位，随后，中国人民银行分支机构也逐步与各地财政部门分设。此时，我国银行体系仍是中国人民银行大一统的状态，众多的农村信用合作社也被定义为中国人民银行在农村的基层机构。1979年2月，国务院印发了《关于恢复中国农业银行的通知》（国发［1979］56号），中国农业银行从中国人民银行分设，建立自上而下的各级机构，中国人民银行农村营业所和农村信用社划归农业银行，农业银行作为国务院直属机构，由中国人民银行代管。1979年3月，国务院批转了《中国人民银行关于改革中国银行体制的请示报告》（国发［1979］72号），中国银行总管理处（对内称人民银行国外业务管理局）从中国人民银行分设，组建国家外汇管理局和中国银行（一个机构，两块牌子），在外汇业务量大的省组建外汇管理分局和中国银行分行。国家外汇管理局和中国银行作为国务院直属单位，由中国人民银行代管。1979年8月，中国人民建设银行现中国建设银行从财政部分设，从事基本建设存贷款业务，受财政部委托从事基本建设财务管理工作。1981年11月，中国人民建设银行受财政部委托组建中国投资银行，同年12月，中国投资银行成立，主要从世界银行等筹集建设资金，转贷给国内的中小企业。1983年9月，国务院印发了《关于中国人民银行专门行使中央银行职能的决定》（国发［1983］146号），明确中国人民银行专门行使中央银行职能，不再兼办工商信贷和储蓄业务，成立中国工商银行，承担相关业务。1984年初，中国工商银行成立。此时，工农中建四大银行的业务受到各自分工的限制，彼此不存在交叉，所以也被称为专业银行。

四大专业银行和中国投资银行的成立、中国人民银行的职能转变都是在原有财政银行体制内的改革，都是存量改革。我国银行体系增量改革的开端是重新组建交通银行。1986年7月，国务院印发了《关于重新组建交通银行的通知》（国发［1986］81号），明确交通银行为全国性综合银行，与四大专业银行和中国投资银行不同，交通银行业务范围不受专业分工限制，资本来源实行股份制，1987年4月，交通银行正式对外营业。随后，我国在经济特区相继成立了6家区域性股份制银行，包括1986年8月成立的招商银行、1987年12月成立的深圳发展银行、1988年8月成立的福建兴业银行、1988年9月成立的广东发展银行、1992年8月成立的上海浦东发展银行、1995年8月成立的海南发展银行；由大型企业集团发起成立了3家股份制银行，包括1987年4月成立的中信实业银行、1992年8月成立的中国光大银行、1992年10月成立的华夏银行；另外，1996年1月成立的中国民生银行，是我国第一家主要由民营企业发起设立的股份制银行。此时，上述股份制银行和中国投资银行一并被称为商业银行，以便与四大专业银行相区别。除交通银行外，其他股份制银行也很早便开始了全国布局，仅在上海地区，早在1988年和1991年中信实业银行和招商银行便设立了分行。但是，在1997年12月，中共中央、国务院印发的《关于深化金融改革，整顿金融秩序，防范金融风险的通知》（中发［1997］19号）中，上述股份制银行仍然被定性为区域性商业银行，也正是在这份文件中提出了适当增加股份制银行在中心城市的分支机构。随着城市信用社和农村信用社被逐步改造为股份制银行，为了与之区别，上述银行便开始被称为全国性股份制商业银行。

（二）政策性业务与商业性业务的分离

党的十四届三中全会后的1993年12月，国务院印发了《关于金融体制改革的决定》（国发［1993］91号），决定建立政策性银行，实现政策性金融和商业性金融分离，专业银行转型为国有商业银行，允许业务交叉，开展竞争。1994年，三家政策性银行相继成立。国家开发银行承接了中国人民建设银行的政策性业务，从事基本建设和技术改造的政策性贷款，国开行只设总行，信贷业务由中国人民建设银行代理。中国农业发展银行承接了中国农业银行和中国工商银行的农业政策性业务，从事国家粮棉油储备、农副产品合同收购、农业开发等政策性贷款，农发行可在农业大省设立派出机构。中国进出口银行承接中国银行的政策性业务，从事进出口优惠买方信贷和卖方信贷，从事出口信用担保，中国进出口银行只设总行，信贷业务由中国银行或其他商业银行代理。1994年7月，中国人民建设银行《关于中国投资银行体制改革的报告》得到中国人民银行批复，中国投资银行成为中国人民建设银行全资附属商业银行。随后，中国投资银行撤销了在二级城市设立的支行，保留了分行及其所在地设立的同城支行。1998年12月，中国投资银行并入国家开发银行。1999年3月，国家开发银行保留中国投资银行区域性分行，快速实现了分行的全国布局，将中国投资银行债权债务及分行以下网点整体出售给中国光大银行，运行近18年的中国投资银行不复存在。中国进出口银行的第一家分行直到2001年才在上海落地。

（三）城市信用社的改革

党的十四届三中全会后国务院印发的《关于金融体制改革的决定》（国发［1993］91号）还提出要积极稳妥发展城市合作银行，在现有城市信用社基础上试办。我国的城市信用社是改革开放后逐步发展起来的，1986年1月，国务院印发的《银行管理暂行条例》（国发［1986］1号）明确了农村信用社和城市信用社金融机构的地位。1986年7月，中国人民银行印发了《城市信用合作社管理暂行规定》，开始对城市信用社进行管理。该文件决定，对已有城市信用社进行整顿，由中国人民银行省级分行进行验收，符合规定后发放经营金融业务许可证，同时明确城市信用社由中国人民银行审批，县城以下不设城市信用社。1988年8月，中国人民银行对暂行规定进行了修订，印发了《城市信用合作社管理规定》（银发［1988］249号），自有资金门槛由10万元提高到50万元，强调不允许城市信用社设立分社，同时允许经济发达县试点设立城市信用社，在部分城市试点由中国人民银行组建城市信用社联社，信用社与联社不存在隶属关系，都是独立法人，联社在服务信用社的同时可以兼营信用社业务。

为贯彻国务院《关于金融体制改革的决定》（国发［1993］91号），1995年9月，国务院印发了《关于组建城市合作银行的通知》（国发［1995］25号），明确城市合作银行是城市企业、居民和地方财政投资入股组成的股份制商业银行，通过融通资金，为本地区经济，特别是城市中小企业服务。对已有城市信用社联社，并具备组建合作银行的城市，在联社基础上组建城市合作银行。对于没有城市信用社联社，但具备组建合作银行的城市，首先对原有城市信用合作社和地方财政信用进行清理整顿，凡不符合中国人民银行新发布的管理办法要求的信用社都必须加入合作银行，相应取消法人地位。对于不具备组建合作银行的城市，要组建联社，对城市信用社进行管理，城市信用社实现与原组建单位的彻底脱钩。

为配合相关组建工作，中国人民银行 1996 年 6 月印发了《城市信用合作社联合社管理规定》，1998 年 1 月又修订为《城市信用合作社联合社管理办法》（银发［1998］1 号），1997 年 6 月印发了《城市合作银行管理规定》（银发［1997］264 号），1997 年 9 月印发了《城市信用合作社管理办法》（银发［1997］369 号）。在《城市合作银行管理规定》（银发［1997］264 号）中，明确城市合作银行是股份有限公司形式的商业银行，股东按持股比例享受权利和承担义务，股东大会上每一股份有一表决权。可以看出，此时的城市合作银行已经不具有“合作”性质，所以 1998 年 3 月，中国人民银行和工商行政管理局联合印发了《关于城市合作银行变更名称有关问题的通知》（银发［1998］94 号），将已有城市合作银行统一更名为城市商业银行。2012 年 3 月，象山县绿叶城市信用合作社改制为城市商业银行的工作完成，宁波东海银行开业。至此，我国城市信用社全部改制为城市商业银行。

1997 年 6 月，中国人民银行印发的《城市合作银行管理规定》（银发［1997］264 号）中明确规定，城市合作银行在本市范围内开展金融业务，优先满足中小企业、个体工商户的需求。随着城市信用社转型为股份制银行工作的推进，部分经济发达地区的转型工作进展顺利，建立了城市商业银行，规范化经营程度大幅提高，同时凭借其身处经济发达城市的优势，业务开展迅速，资产规模增长较快，部分城商行的资产规模已经向全国性股份制银行看齐。在此情况下，部分城商行出现了跨区域经营的需求。2005年，中国银监会批准上海银行开设宁波分行；2006年4月，中国上海银行宁波分行成立，成为我国城商行的首家异地分行。

2006年2月，中国银监会印发了《城市商业银行异地分支机构管理办法》（银监发［2006］12号），将城商行设立异地分支机构分为省内设立和跨省设立，前者总资产和注册资本的最低要求分别为150亿元和5亿元，后者最低要求为500亿元和10亿元。同时，对城商行本身的内部管理、盈利能力、风险抵御能力等做了要求，对城商行新设分支机构的营运资金也做了要求。2009年4月，中国银监会印发了《关于中小商业银行分支机构市场准入政策的调整意见（试行）》（银监办发［2009］143号）（以下简称《意见》），城商行跨区域经营监管得以放松。《意见》明确，城商行省内设立分支机构、同城设立支行不受数量指标控制，部分审批权下放给地方银监局。《意见》指出，不再对城商行设立分支机构设定营运资金要求。随后，我国大量城商行开始跨区域布局。2010年年末，我国城商行总资产达到7.85万亿元，同比增长了38.3%，比全部银行业金融机构增速高18个百分点。快速扩张的城商行也表现出内控不足的问题。2010年年底暴露的齐鲁银行骗贷案，涉案金额逾100亿元。从2011年开始，城商行跨区域经营被叫停。2013年以来，政策略有放开，但中国银监会总体上还是非常谨慎。2011年以来，虽然城商行总资产增速仍然明显高于全部银行业金融机构增速，但仅高出6%~8%，远低于2010年18%的水平。

城商行扩张的另一面是联合重组。2005年12月，安徽省5家城商行和7家城市信用社正式合并，组成徽商银行，成为我国首例城商行跨区域联合重组。2006年2月，中国银监会印发的《城市商业银行异地分支机构管理办法》（银监发［2006］12

号）中便明确提出，鼓励城商行通过联合、重组等方式，充分整合金融资源，设立异地分支机构。随后，2007 年 1 月的江苏银行、2007 年 10 月的吉林银行、2009 年 11 月的龙江银行、2010 年 10 月的华融湘江银行、2011 年 2 月的湖北银行、2011 年 11 月的甘肃银行、2012 年 10 月的贵州银行、2014 年 12 月的中原银行、2015 年 12 月的江西银行相继成立。

（四）农村地区银行业务的改革与发展

党的十四届三中全会后国务院印发的《关于金融体制改革的决定》（国发［1993］91 号）也提出，农村信用社联社从中国农业银行中独立出来，在其基础上有步骤地组建农村合作银行。1979 年 2 月，中国农业银行从中国人民银行分设，并管理农村信用社以来，一直在探索把信用社真正办成群众性合作组织。1984 年 8 月，国务院批转了《中国农业银行〈关于改革信用合作社管理体制的报告〉的通知》（以下简称《通知》），提出恢复信用社合作金融的性质，变“官办”为“民办”，吸收农民入股，实行民主管理。《通知》提出建立农村信用社县联社，调节全县范围内信用社资金余缺，提取互助基金调剂盈亏，承担信用社服务和检查职能。《通知》明确规定，农业银行对信用社行使政策领导和开展业务指导。此时，全国信用社共 5.59 万家、分社 3.19 万家、代办站 28.15 万个，脱产职工 32 万人，不脱产代办员 33.6 万人。

1996 年 8 月，为贯彻国务院《关于金融体制改革的决定》，国务院印发了《关于农村金融体制改革的决定》（国发［1996］33 号）（以下简称《决定》），农村信用社与中国农业银行脱离了隶属关系，业务管理由县联社承担，金融监管由中国人民银行承担，从农业银行调入业务骨干充实中国人民银行，中国人民银行县支行指定一名副行长专门负责农村信用社监管。《决定》明确，县以上不设农村信用社，在城乡一体化程度较高的县，可合并农村信用社组建一级法人的农村合作银行，县内的城市信用社也要并入农村合作银行，县内不加入农村合作银行的农村信用社，要办成真正的合作组织。为配合相关工作，中国人民银行1997年9月印发了《农村信用合作社管理规定》和《农村信用合作社县级联合社管理规定》。

为进一步加强农村信用社管理，1999年6月，中国人民银行印发了《关于组建农村信用合作社市（地）联合社的试点工作方案》（银发［1999］210号），在县联社基础上组建市联社，从事行业管理，为县联社提供资金清算和调剂，不办理居民和企业存贷款业务，不设分支机构。伴随着我国金融监管体制改革，农村信用社管理体制也发生了改变。2003年6月，国务院印发了《关于印发深化农村信用社改革试点方案的通知》（国发［2003］15号）（以下简称《通知》），明确将农村信用社管理交由省级政府负责，省级政府成立省级联社加强信用社管理，不得将管理权限下放给下级政府。《通知》规定，中国银监会承担信用社的规章制定、机构审批、业务检查等金融监管职能。面对农村信用社良莠不齐的情况，《通知》明确提出可以采取多种改革措施。对于规模较大、资产质量好、运营规范、所在地经济基础好的信用社，可以在该地区组建股份制银行；对于人口稠密或粮棉商品基地的县，可以组建统一法人机构；对于风险较高的信用社，加强兼并重组；对于资不抵债、支农服务需求少的信用社，可以考虑撤销。《通知》明确提出，推出一系列优惠政策推动农村信用社改革，未来三年在企业所得税和营业税方面给予优惠，中国人民银行通过再贷款和专项央行票据给予资金支持，在民间借贷活跃地区实行灵活的利率政策。随后，2003年9月，中国银监会印发了《农村商业银行管理暂行规定》和《农村合作银行管理暂行规定》（银监发［2003］10号）。

2006年12月，中国银监会印发了《关于调整放宽农村地区银行业金融机构准入政策，更好支持社会主义新农村建设的若干意见》（银监发［2006］90号）（以下简称《意见》），为解决我国农村银行机构网点覆盖率低、金融供给不足的问题，正式启动了新型农村金融机构的组建工作。新型银行业机构包括，主要为农户服务的村镇银行，农民和小企业设立的社区性信用合作组织，商业银行和农村合作银行设立的专营贷款业务的全资子公司。意见明确坚持低门槛、严监管的原则，相关政策主要在经济不发达地区推行，选择6省做试点。2007年1月，中国银监会分别印发了《村镇银行管理暂行规定》（银监发［2007］5号）、《贷款公司管理暂行规定》（银监发［2007］6号）、《农村资金互助社管理暂行规定》（银监发［2007］7号）。此后，又在贷款公司基础上发展出了小额贷款公司，2008年5月，中国银监会和中国人民银行联合印发了《关于小额贷款公司试点的指导意见》（银监发［2008］23号），与贷款公司不同的是，小额贷款公司并非由银行发起设立，而是由自然人和企业发起设立，两者相同之处是仅能从事贷款业务，不能吸收公众存款。2008年4月，中国人民银行和中国银监会联合印发了《关于村镇银行、贷款公司、农村资金互助社、小额贷款公司有关政策的通知》（银发［2008］137号），明确了四类机构存款准备金、利率管理、支付结算、会计、金融统计、征信、现金、风险等管理措施，标志着四类机构金融类相关制度基本完善。

小额贷款公司为私营企业进入金融业打开了一个途径，政策推出后发展较快。但是，小额贷款公司资金来源仅限于资本金、捐赠资金和两个以内银行业金融机构的融入资金，资金来源不足问题成为小额贷款公司面临的主要困境。小额贷款公司有强烈的改制成村镇银行的意愿，可以吸收公众存款，增加资金来源渠道。2009 年 6 月，中国银监会印发了《小额贷款公司改制设立村镇银行暂行规定》（银监发［2009］48 号）。虽然规定为小额贷款公司改制村镇银行开辟了路径，但相关要求较高，成功改制的小额贷款公司数量也不多。

（五）其他类型银行的发展

1986 年 1 月，我国恢复了邮政储蓄业务。2007 年 3 月，中国邮政储蓄银行挂牌。1987 年 10 月，烟台住房储蓄银行成立，专门从事房地产信贷结算业务，2003 年改制为全国性股份制商业银行。1993 年 3 月，中外合资银行浙江商业银行成立，2004 年 6 月，重组为以浙江私营资本为主的中资全国性股份制商业银行。2005 年年底，天津泰达投资控股有限公司等 7 家股东发起成立渤海银行，成为我国最新设立的全国性股份制商业银行。

虽然 1996 年成立的民生银行是一家由私营企业发起设立的银行，但其设立之初还是由全国工商联牵头组建，并非由私营企业完全自主发起设立。民营银行的转折点发生在 2013 年，当年 7 月，国务院印发的《关于金融支持经济结构调整和转型升级的指导意见》（国办发［2013］67 号）中提出，尝试由民间资本发起设立自担风险的民营银行。随后，中国银监会开始牵头探索引导民间资本设立民营银行。2014 年，首批 5 家民营银行获得中国银监会批准，分别为深圳前海微众银行、温州民商银行、上海华瑞银行、天津金城银行和浙江网商银行。深圳前海微众银行于 2014 年 12 月开业，其他 4 家民营银行也在 2015 年陆续开业。2015 年 6 月，国务院转发了中国银监会《关于促进民营银行发展指导意见的通知》（国办发［2015］49 号），提出“成熟一家，设立一家”的原则，明确民间资本要有抗风险能力，要能够承担剩余风险，要接受监管，民营银行要有差异化的市场定位，有可行的处置计划。通知为民营银行的制度化发展铺平了道路，随后民营银行陆续获批，截至2017年年末，我国民营银行数量已经达到17家。

（六）上市

2002年2月，第二次全国金融工作会议提出，具备条件的国有独资商业银行可以改组为国家控股的股份制商业银行，条件成熟的可以上市。随后，四大国有银行开始了股份制改革和上市的进程。2003年12月，中央汇金投资有限责任公司（简称中央汇金公司）注册成立，获得了中国人民银行外汇储备支持，对国有银行进行注资。2004年1月，中行和建行获得了中央汇金公司450亿美元注资，并引进了战略合作伙伴，开启了股份制改革序幕。2004年8月和9月，中国银行股份制有限公司和中国建设银行股份有限公司分别挂牌成立。2005年10月，中国建设银行在香港联合交易所上市。2006年6月和7月中国银行分别在香港联合交易所和上海证券交易所上市。2005年4月，中国工商银行获得中央汇金公司150亿美元注资。2006年1月，高盛投资团作为战略投资者出资37.8亿美元购买中国工商银行8.89%的股份。2006年10月，中国工商银行在上海证券交易所和香港联合交易所同步上市。2007年9月，中国建设银行在上海证券交易所上市。2007年，财政部发行了15 500亿元特别国债购买2 000亿美元外汇储备，部分资金用于从中国人民银行购买中央汇金公司及其负债，以剩余资金连同中央汇金公司，注资成立了中国投资有限责任公司（简称中投公司），中央汇金公司成为中投公司的全资子公司。2008年11月，中国农业银行获得中央汇金公司 190 亿美元注资，2010 年 7 月，中国农业银行先后在上海证券交易所和香港联合交易所上市。至此，四大国有银行完成了股份制改革和上市。

股份制银行的企业所有制形式比较适合资本市场，其上市步伐较为顺利。深圳发展银行由深圳特区几家信用社联合改制而成，1987 年 5 月首次向社会公开发售普通股，1987 年 12 月正式成立。1988 年 4 月深圳发展银行普通股在深圳证券公司挂牌上市。1991 年 4 月，深发展 A 在初创的深交所上市，股票代码为 000001。十年之后，浦发银行、民生银行、招商银行、华夏银行分别于 1999 年 11 月、2000 年 12 月、2002 年 4 月、2003 年 9 月在上海证券交易所上市。2005 年 6 月，交通银行在香港联合交易所上市，为四大国有银行上市探索道路。在 2006 ~ 2007 年这一轮牛市中，兴业银行、中信银行、交通银行分别于 2007 年 2 月、2007 年 4 月、2007 年 5 月在上海证券交易所上市，招商银行、中信银行分别与 2006 年 9 月和 2007 年 4 月在香港联合交易所上市。2009 年以后，光大银行于 2010 年 8 月在上海证券交易所上市，民生银行于 2009 年 11 月在香港联合交易所上市。至此，1986 ~ 1996 年之间成立的 10 家全国性股份制银行，除海南发展银行倒闭，广东发展银行没有上市外，其他 8 家均已完成上市，均在 A 股市场上市，且招商银行、中信银行、民生银行 3 家银行同时在香港联合交易所上市。2010 年以后，A 股市场长达 6 年时间没有银行股上市。2013 年 12 月和 2016 年 3 月，光大银行和浙商银行分别在香港联合交易所上市。至此，上市的股份制银行达 9 家。

2010 年以前，除国有大型银行和股份制银行外，其他类型银行仅有 4 家成功上市，宁波银行于 2007 年 7 月在深圳证券交易所上市，南京银行和北京银行分别于 2007 年 7 月和 2007 年 9

月在上海证券交易所上市，重庆农商行于2010年12月在香港联合交易所上市。时隔3年后，其他类型银行开始陆续赴香港联合交易所上市，包括2013年上市的重庆银行和徽商银行，2014年上市的哈尔滨银行和盛京银行，2015年上市的青岛银行、锦州银行和郑州银行，2016年上市的天津银行和邮储银行，2017年上市的九台农商行、广州农商行和中原银行。2016年以来，银行也开始陆续登陆A股市场，包括2016年上市的江苏银行、贵阳银行、江阴银行、无锡银行、常熟银行、杭州银行、上海银行和吴江银行，2017年上市的张家港银行。截至2017年年底，共有24家城商行和农商行上市，其中12家在A股市场上市，12家在香港联合交易所上市，加上国有大型银行、股份制银行和邮储银行，上市银行达39家。

二、银行面临的挑战

（一）国有大型银行外延扩张的收益下降

长期以来，我国国有大型银行的竞争主要是规模竞争。在利率管制时期，银行存贷款业务存在稳定利差，同时银行又是以负债经营为主，那么随着银行规模的扩张，利润自然随之增长。近年来，国有大型银行发挥网点优势，进行外延扩张的收益正在快速下降。其原因一方面来自利率市场化的推进，利差稳定程度的逐渐减弱，但更重要的是竞争的加剧。2017年年末，股份制银行总资产为国有大型银行总资产的48.4%，城商行总资产为国有大型银行总资产的34.2%。近年来，两者均在持续提高，2010年年末还分别仅为31.8%和16.8%，7年时间里分别提高了16.6个百分点和17.4个百分点。股份制银行和城商行的崛起，不仅在负债端与国有大型银行进行竞争，而且已经可以在大型项目领域与国有大型银行开展竞争。国有大型银行进一步扩张规模，将付出更高的代价，边际收益下降明显。

（二）城商行明显分化

1995年推行改革以来，我国城市信用社改革的推进速度非常快，目前早已全部改制成股份制性质的城市商业银行。我国城市信用社原本规模都不大，资产质量都比较差，管理水平都比较低，但改制后城商行差距逐渐拉开，目前的分化已经非常明显。究其原因，首先，与地区因素关系密切。2017年年末，经济发达地区的北京银行、上海银行、江苏银行、南京银行等，资产规模都已经超过1万亿元，其中北京银行已经超过2万亿元。其次，与资本市场推动效应有关。作为上市最早的城商行，南京银行、宁波银行和北京银行都获得了非常好的发展机遇。目前，我国正有越来越多的城商行登陆资本市场。最后，在地方政府的主导下，城商行联合、重组陆续开展，规模的扩大带来了业务范围的扩大和业务层次的提升。脱颖而出的城商行资产规模大幅提高，管理能力大幅提升，实现了较好的风险分散，已经进入了更高的发展层级。剩下的城商行则仍然面临着规模、信贷质量、管理能力等一系列老问题，同时又面临着本地小型农村金融机构、跨区域经营的农商行、类金融机构等大量低层级金融机构间的激烈竞争。

（三）小型农村金融机构面临的挑战很大

我国农村信用社数量多，规模小，地区差异大，先后经历了组建县联社、市联社、省联社，改制合作银行、商业银行等一系列改革，目前的方向是改制成为农村商业银行，但改制工作还在推进过程中。虽然部分小型农村金融机构发展较好，包括在中国香港上市的重庆农村商业银行和广州农村商业银行，2017 年年末的资产规模已经分别突破 9 000 亿元和 7 000 亿元，已经不逊色于发展较好的城商行。但是，目前大量小型农村金融机构仍然存在很多问题。首先，制度不健全，风险控制能力较弱，信贷质量问题突出。同时，也正是因为小型农村金融机构风险控制能力有限，监管评级较低，无法拿到部分资金业务的开展权限，所以限制了银行的进一步发展。其次，人员素质不高，经营理念陈旧，管理精细化程度不足，金融产品和金融服务不丰富，中间业务收入占比很少。正是由于小型农村金融机构的这些不足，使其未来面临的挑战最大。利率市场化的推进，信息技术的发展，大量银行业务通过网络办理等一系列新趋势，都将对小型农村金融机构现有业务造成巨大冲击。

（四）异地设点加剧竞争

传统上，大型国有银行在全国范围内经营，按照省分行、市分行、县区支行、二级支行四级来设立分支机构；股份制银行也大都实现了全国布局，按照省分行、市分行、县区支行三级来设立分支机构；城商行仅能在本市经营，在县区设支行；小型农村金融机构仅能在县域内经营，可以在乡镇设立支行。2005 年城商行设立异地分行开闸以来，城商行对异地分行表现出越来越高的热情。首先，城商行自身存在进一步扩大规模的需求，有向熟悉的周边城市进行扩张的动力，例如，上海银行将第一家异地分行选择在宁波。其次，对于大多数城商行，进入北京、上海等核心城市，可以吸引优秀人才，培养现有人才队伍，收集市场信息，加强同业沟通，开展金融市场和同业业务，成为提高自身实力的重要一环，因此大量城商行将异地分行选择在核心城市。与此同时，近年来，发展较好的农商行也积极在所在城市开展异地经营，大量各种类型的银行也通过村镇银行的形式实现了异地经营。城商行和农商行的异地经营加剧了银行间的竞争，打破了银行体系原有分层结构。发展较好的城商行已经向股份制银行靠拢，逐渐开始与股份制银行开展竞争。发展较好的农商行也已经挤进了城商行的前列。未来，数量庞大的城商行和小型农村金融机构将会在同一个层次上展开竞争，竞争程度将更为激烈。

（五）迫切需要建立清晰的发展战略

随着我国银行规模的扩大，能力的增强，异地经营的开展，以及非银行类融资模式的大量出现，银行业原来的卖方市场情形已经发生转变，原来的坐等客户上门，被动存贷款业务，赚一笔就走的机会主义等经营理念和方式已经很难适应新形势。从国有大型银行到股份制银行，再到城商行和农商行都需要尽快建立清晰的发展战略，在发展战略的引领下，整合资源，重塑管理结构，凝聚更大力量，取得突破。从历史发展来看，很多银行在清晰战略的推动下取得了长足发展，例如中国工商银行的国际化，交通银行的财富管理，兴业银行的同业业务，招商银行的零售业务，包商银行的小微企业业务等。

转　型　篇

第六章 同业业务

在传统意义上，银行同业业务主要包括同业拆借、同业存放、买入返售，相应的同业资产会计科目包括拆出资金、存放同业、买入返售，同业负债会计科目包括拆入资金、同业存放、卖出回购。银行同业业务是保证金融体系顺利运行的基础，早期只是作为银行的一项基础服务，以及银行内部流动性管理的补充工具，很少被关注，也不是金融监管的重点。同业业务的快速发展始于 2008 年全球金融危机之后的一段时间，不仅规模越来越大，而且业务形式也越来越多样化。

一、早期发展历程

1983 年 9 月，国务院决定让中国人民银行专门行使中央银行职能，成立中国工商银行，承担原中国人民银行的工商信贷和储蓄业务。1984 年 10 月，中国人民银行印发了《信贷资金管理试行办法》，明确中国人民银行、各专业银行等的信贷资金管理实行“统一计划、划分资金、实贷实存、相互融通”的原则，其中的“相互融通”是指一个地区的资金融通主要依靠该地区各银行间的相互拆借，由此形成了最初的银行同业拆借市场。1986 年 1 月，国务院印发《中华人民共和国银行管理暂行条例》，进一步明确了专业银行之间的资金可以相互拆借。随后，我国大部分大中城市都建立了银行同业拆借市场，最初采取定期开市方式，随后发展出电话、电报、电传等通讯方式，不仅服务本地银行，还可以辐射周边。然而，初期的市场活跃度并不高，专业银行基层行可以向上级行和中国人民银行借款，参与本地同业拆借动力不足，受制于信贷管理政策，跨地区、跨年度资金拆借规模很小，拆借利率的市场化程度也不高。随后，也暴露出很多问题，同业拆借期限多以长期为主，主要是为了弥补信贷资金缺口，进行固定资产投资，并非是弥补头寸不足和临时性资金周转。1990 年 3 月，中国人民银行印发了《同业拆借管理试行办法》对业务进行规范，明确非金融机构和个人不能参加同业拆借，对金融机构每月的日平均拆入资金余额进行限制，并对市场中介机构进行清理整顿。

从 1992 年开始，银行同业拆借业务量快速上升，交易异常活跃，秩序混乱。主要表现在，银行将大量资金拆借给非金融机构，包括下属的国际业务部、房地产信贷部、信托投资公司、第三产业公司等，资金最终流向地方政府项目、固定资产投资、证券投资、房地产投资、参股企业等，逃避中国人民银行信贷规模控制和管理。虽然制度规定银行同业拆借期限为短期，但实际操作中通过展期等方式大幅延长期限，拆借利率也大幅突破中国人民银行规定的浮动范围，有些甚至通过抽屉协议等方式开展高利贷，并且出现部分金融机构支付困难，影响银行正常运行的情况。究其原因，一是当时的信贷管理体制使得银行超额准备金过多，宏观经济高速发展又存在大量信贷需求，在非银行金融机构作为中介的推动下，同业拆借市场成为银行资金投放的一个渠道。二是当时存在地方政府干预银行经营的现象，鼓励银行通过同业拆借市场获得资金，支持地方经济建设。1993 年，中国人民银行对同业拆借业务进行了整顿和规范。重点包括：一是再次明确严禁非金融机构和个人参与同业拆借；二是人民银行总行和省一级分行设立资金融通中心，除专业银行省一级分行可设一家中介机构开展系统内业务外，所有同业拆借均需通过中国人民银行资金融通中心开展；三是对同业拆借期限进行规范，并设定拆借利率上限。

为进一步规范银行同业拆借市场，1996 年 1 月，借鉴我国外汇市场的建设经验，全国银行间同业拆借市场依托中国外汇交易中心系统正式运行，由全国一级网和中国人民银行省一级分行融资中心二级网组成，所有金融机构同业拆借业务必须通过全国统一同业拆借市场网络办理，并据此生成全国统一的同业拆借市场利率。市场成立之初，部分全国性银行总行授权其省级分行进入全国一级拆借市场从事拆借业务。1998 年以后，中国人民银行又陆续批准了外资银行、保险公司、农村信用社、政策性银行、基金管理公司、证券公司、财务公司、城市信用社等加入全国一级拆借市场。随着通信技术的发展和成熟，全国银行间同业拆借中心逐步建成了全国统一的电子交易系统，与中国人民银行分支机构的拆借备案系统一起，形成了我国全国统一同业拆借网络。

全国银行间同业拆借中心电子交易系统扩大了资金拆借渠道，提高了信息透明度，降低了拆借成本，有利于资金的合理流动和配置。以同业拆借中心为基础，我国同业拆借市场快速发展，市场机制灵活性不断提高，交易品种也不断丰富，基准利率影响力不断增强。1996 年 6 月，中国人民银行不再设定同业拆借利率上限，同业拆借利率成为我国利率市场化的切入点。1997 年 6 月，中国人民银行在市场上推出了银行间债券回购业务，并印发了《银行间债券回购业务暂行规定》（银发［1997］242 号），商业银行退出了证券交易所回购市场。2004 年 5 月，同业拆借中心推出买断式债券回购业务。10 月，中心发布债券 7 天回购数据指标作为货币市场基准利率的参考指标。2007 年 1 月，上海银行间同业拆放利率（Shibor）正式运行。

2007 年 7 月，中国人民银行印发《同业拆借管理办法》（中国人民银行令 2007 年第 3 号），1990 年的《同业拆借管理试行办法》同时废止。管理办法对市场准入、交易、清算、风险控制、信息披露、监督管理、法律责任等进行了全面规定，明确同业拆借交易必须在全国统一的同业拆借网络中进行，全国统一同业拆借网络包括全国银行间同业拆借中心电子交易系统和中国人民银行分支机构拆借备案系统；同业拆借交易以询价方式进行，自主谈判、逐笔成交；银行类机构拆入资金期限最长 1 年，其他金融机构为 3 个月或 7 天，到期后不得展期；金融机构同业拆入拆出限额与经营数据挂钩。

从会计科目的设置来看，1984 年 10 月，中国人民银行印发的《信贷资金管理试行办法》加强了对银行体系资金的管理，要求工农中建各专业银行将原有相互开立的存款账户统一划转至中国人民银行。各专业银行省级分行在同级中国人民银行开立存款账户、贷款账户和临时贷款账户，省级分行以下分支机构在同级中国人民银行开立存款账户，存款账户用于向中国人民银行缴存财政性存款和一定比例的一般存款，贷款账户用于存放中国人民银行提供的借款。专业银行之间的存款账户划转中国人民银行后，专业银行之间开立了不能透支同业往来存款户，用于办理结算、委托现金收付等业务，同时也可以存放拆借资金，这成为同业存放业务开端，此时同业存放与同业拆借账户还没有分开。1993 年 3 月，财政部和中国人民银行联合印发了《金融企业会计制度》（财会［1993］11 号），明确同业存放、联行往来、资金拆借要设置不同会计科目，单独核算。2001 年 11 月，财政部修订了《金融企业会计制度》（财会［2001］49 号），形成了同业存放、同业拆借、买入返售三类目前银行主要的同业会计科目。

二、同业业务的扩张

信息技术的发展和金融市场建设的不断完善，为同业业务发展提供了基础。金融机构数量的不断增加、综合经营趋势的形成、业务多样性需求的增强，则是同业业务发展的主要推动力量。2007 年以前，我国同业业务仅被当作银行内部流动性管理的补充工具。2008 年全球金融危机爆发，我国为应对冲击采取了扩张性的刺激政策，银行信贷规模快速扩张。信贷规模的扩张为稳定宏观经济起到了积极作用，但也出现了诸多问题，包括大量信贷资金用途不清、信用风险把控不严、银行存在过度推销等。为维护金融稳定，政策方面加强了信贷领域监管，中国人民银行重启了信贷规模管理。政策上的反复带来了后续问题。前期的信贷扩张在银行体系内积累了大量资金，货币政策回笼资金却需要一个过程，在信贷规模管理下，银行大量资金无法通过信贷渠道释放出去，需要寻找新的资金运用渠道。从企业方面来看，前期的信贷投放刺激了大量项目开工，这些项目需要持续的资金投入，信贷政策收紧使这些项目的后续资金需求无法得到充分满足，从而形成了银行有资金投放冲动，企业有资金需求，但监管政策横亘其间，切断了资金流动的层面。同时，在信贷规模和存贷比考核下，从整个银行体系来看，还存在结构性问题。刺激政策实施阶段信贷扩张较快的银行存在较大的信贷需求，而信贷扩张较慢的银行却存在较多的闲置资金。如何实现资金与项目之间跨机构对接也成为一个问题。

面对当时经营方面的困境，同业业务便被银行充分利用起来。从当时情况来看，同业业务至少解决了两个问题：一是同业业务不受信贷规模管控，不受存贷比限制，为银行富余资金提供一个运用渠道。二是同业业务过程中可以插入其他交易，实现为企业融资，使前期信贷投放刺激起来的工程可以得到后续资金。同业业务定义和会计科目安排都比较宽泛，使其灵活性非常高，当时的操作方式非常多，创新层出不穷。同时，同业业务操作成本很低，在手续费较低的情况下，银行也乐于与同业开展此类业务。从资本计提角度来看，同业资产的风险权重为25%，短期限资产低至20%，与贷款100%的权重相比，具有低资本占用的优势。从存款准备金要求来看，大量同业业务无准备金要求，减少了银行资金占用。从拨备计提来看，同业业务与贷款业务相比计提准备金少，又不受贷款拨备率和拨备覆盖率等监管指标的限制，增加了银行的利润空间。同业业务还具有期限较短、配置灵活、安全性高等特点，可以在风险可控的情况下提高银行资金使用效率和收益率。

票据买入返售模式可以实现信贷额度在银行之间腾挪，成为银行间最先出现的一种操作方式。信贷额度紧张的银行，为其客户提供不占用信贷额度的票据承兑业务。客户为了得到资金，用银行承兑汇票找信贷额度富裕的银行进行贴现。贴现银行再将汇票转贴现给信贷额度紧张的银行，后者计入买入返售项下，属于同业业务，不计入信贷额度。通过以上三个步骤，信贷额度紧张的银行为其客户提供了资金支持，信贷额度却被计入信贷额度富裕的银行。现实中，部分银行将大量信贷额度投入票据买入返售模式中，将其作为一项重要的收入来源。受监管趋严的影响，2011 年以后，票据买入返售模式的规模逐渐回落。

随后发展起来的是同业代付。同业代付原本是银行国内国际贸易结算业务衍生出来的银行同业业务，即委托行接受企业客户申请，委托代付行将款项支付给企业客户的交易对手，从而形成代付行对委托行的资金拆出。现实中，为达到调剂信贷额度的目的，在没有真实贸易的背景下，银行之间开展同业代付业务，代付行将同业代付资金交给委托行，由委托行自付，资金最终流入委托行的企业客户。2012 年 8 月，中国银监会印发了《关于规范同业代付业务管理的通知》（银监办发［2012］237 号），要求银行加强同业代付管理，认真核查贸易真实性，准确记录会计账户等。随后，同业代付业务规模快速萎缩。

在此之后，发展起来的是对买入返售会计科目的运用。买入返售业务对金融资产的要求并不严格，公开市场交易的债券等金融产品、银行票据、应收款项等都可以开展买入返售。2012 年以来的买入返售业务涉及的金融资产主要是信托受益权。此前，银信理财合作监管不断加强，最终中国银监会要求银行机构在 2011 年年底前完成银信理财合作业务表外资产全部转入表内。在此背景下，信托受益权转让快速发展，银行直接购买信托受益权后被放入买入返售科目下。兴业银行信托受益权买入返售业务最为抢眼，兴业信托也借此实现了业务规模的高速发展。从具体操作模式看，兴业信托为企业提供融资服务，将信托贷款做成信托受益权，兴业银行购买信托受益权。2012 年年末，兴业银行买入返售资产余额为 7 927.97 亿元，占总资产比重高达 24.4%，比 A 股最早上市的 16 家银行平均值高 18.8 个百分点。同时，兴业银行还搭建了银银平台，通过平台将信托受益权卖给同业。兴业银银平台上的资金提供方主要是农商行、农合行、农信社、城商行等小型银行，这些银行受区域所限，信贷需求不足，资金利用率不高，所以非常热衷于同业业务。

2011 年和 2012 年，银行同业业务规模迅速扩大，占总资产和总负债的比例迅速上升。从沪深市场最早上市的 16 家银行来看，2011 年年末，存放同业、拆出资金、买入返售三项同业资产业务占总资产的比例达到 10.6%，比 2010 年年末提高 2.4 个百分点，2012 年年末进一步上升至 12.2%。2011 年年末，同业存放、拆入资金、卖出回购三项同业负债业务占总负债的比例达 13.9%，比 2010 年年末提高 2.1 个百分点，2012 年年末进一步上升至 15.1%。

2014 年 4 月，中国人民银行、中国银监会、中国证监会、中国保监会、国家外汇管理局联合印发了《关于规范金融机构同业业务的通知》（银发［2014］127 号）（以下简称《通知》），对同业业务进行规范，重点是加强内控和外部管理，规范资产负债创新业务。《通知》明确界定了同业拆借、同业存放、同业代付、买入返售等同业业务，规范会计处理，要求金融机构按照实质重于形式的原则对同业业务进行分类，按类别进行管理。《通知》同时要求金融机构准确计提同业业务的资本和拨备；要求同业存放最长期限为三年，其他同业业务最长期限为一年，到期不得展期；要求金融机构对单一法人风险暴露进行上限控制；要求除农村信用社和村镇银行外，其他银行同业融入资金余额不得超过负债总额的 1/3。随后，2014 年 5 月，中国银监会印发了《关于规范商业银行同业业务治理的通知》（银监办发［2014］140 号），对银行同业业务操作给出了具体要求，主要为法人总部统一管理同业业务，对交易对手进行名单制管理，具体操作实行专营部门制，法人总部对专营部门进行统一授权，专营部门不得转授权，除同业业务专营部门外，银行其他部门和分支机构不得经营同业业务，不得在金融市场单独开户，除特殊情况外也不得接受专营部门委托。

三、钱荒

2013 年 5 月下旬，银行间市场资金面逐渐偏紧。进入 6 月后，资金面紧张的状况并没有好转，5 日晚，光大银行未及时支付 65 亿元同业借款，为市场增添了恐慌情绪。6 月 14 日，第四期记账式贴现国债计划发行 150 亿元，中标总额仅为 95.3 亿元，发行利率达到 3.7612%，比 5 月 10 日第三期记账式贴现国债高 0.8756 个百分点。随后的政策性金融债、短期融资券等发行工作也受到影响，或减量发行，或延期发行。6 月 19 日，国务院常务会议提出要把稳健的货币政策坚持住、发挥好。6 月 20 日上午，Shibor 隔夜利率达到了 13.44% 的高位，银行间市场隔夜和 7 天同业拆借加权平均利率也分别达到 13.83% 和 12.25%，资金面非常紧张。随后，中国人民银行流动性注入，银行间市场才逐渐由恐慌恢复平静。银行间市场资金面紧张状况对资本市场也造成了较大影响，6 月 24 日周一开盘股市连续 2 日大幅下挫，上证综指从开盘的 2069 点跌至最低的 1850 点，10 年期国债收益率由 6 月 21 日的 3.6% 持续攀升至 11 月 20 日的 4.72%。

2013 年 6 月的这次发端于银行间市场的钱荒，是由多种因素叠加造成的。最重要也是最直接的原因是由适度宽松转向稳健的货币政策，与金融机构持续扩张冲动之间的博弈。2008 年全球金融危机后，我国实施了适度宽松的货币政策，虽然短期内起到了稳定宏观经济的作用，但带来的后续影响也很大。大量流动性刺激银行扩张，在利益的驱使下，这种扩张行为很难停下来，逐步收紧的货币政策与银行扩张之间的矛盾便显露出来。银行理财产品对接信贷资产、银信理财合作等方式受到了严格监管，2013 年 3 月，银监会印发了《关于规范商业银行理财业务投资运作有关问题的通知》（银监发［2013］8 号），银行理财业务进一步受限，银行机构对同业业务的依赖性更强。同业业务最大的问题便是期限错配，整个业务链条的资金来源为同业短期资金，资金投向则是长期项目融资，这要求银行具有较强的流动性管理能力，也就不可避免地增加了银行对银行间市场资金的依赖。为了保证银行间市场流动性稳定，中国人民银行不得不持续投入流动性，这与中国人民银行收紧货币政策的目标是相悖的。从这个角度来说，这次钱荒是改变银行预期的一次行动，使银行认识到流动性不会永远宽松。

除此之外，钱荒还与其他一些因素相关。一是 2013 年 4 月以来，严查债券市场利益输送行为导致银行间债券市场资金趋紧。2002 年 4 月，中国人民银行对银行间债券市场实行准入备案制，金融机构联网或开户申请由全国银行间同业拆借中心和中央国债登记结算有限责任公司受理。为配合相关工作，2002 年 9 月，中央国债登记结算有限责任公司印发了《债券托管账户开销户规程》，设置甲、乙、丙三种账户，甲类账户可以直接通过中央结算公司系统办理自营业务和代理业务，乙类账户仅能通过中央结算公司系统办理自营业务，丙类账户不与中央结算公司系统联网，通过甲类账户代理结算。甲类账户主要为大型法人银行，乙类账户主要为其他金融机构，丙类账户主要为非金融机构。丙类账户进入门槛低，操作隐蔽性强，成为利益输送的主要载体。从具体方式来看，在债券发行过程中，债券承销商为丙类账户留出一定额度，同时再为丙类账户联系债券购买者，由于债券发行价与二级市场存在一定价差，丙类账户这一中间环节可以截留部分收益，实现利益输送。在债券发行先款后券的模式下，丙类账户甚至不用自己垫资，无成本赚取价差。在二级市场交易过程中，当交易者控制着买入方时，同样可以设立丙类账户过手债券，从中赚取价差，实现利益输送。严查债券市场利益输送行为的直接后果是，2013 年 4 月 25 日，中央结算公司宣布暂停信托产品、券商资管计划、基金专户开户，中国人民银行也暂停受理备案，5 月 7 日，中央结算公司要求结算代理人除卖出债券、履行未到期合同、转托管已持债券外，暂停处理非金融机构债券账户业务。至此，流入债券市场资金受阻，债券市场流动性趋紧。与钱荒有关的另外两个因素分别是国际影响和跨境政策。2013 年上半年，受美国经济企稳影响，美联储考虑调整量化宽松政策，6 月 20 日，美联储主席表示考虑年内缩减购债规模。美联储态度的转变使全球金融市场利率存在上行压力。从我国跨境情况来看，2013 年以来，“热钱”流入问题便已经非常突出。2013 年 4 月，国家外汇管理局决定在转口贸易量较大地区开展打击虚假转口贸易专项行动；5 月，国家外汇管理局又印发了《关于加强外汇资金流入管理有关问题的通知》（汇发［2013］20 号），加强银行结售汇头寸管理和外汇贷存比管理，同时加强进出口企业资金流与货物流匹配检测，对无法做出合理解释的企业进行降级处理。外汇局控热钱流入的措施也对银行资金面造成了影响。

四、同业存单

钱荒后的2013年9月，以全国银行间同业拆借中心为平台的市场利率定价自律机制成立，它是由金融机构组成的市场定价自律和协调机制，对货币市场、信贷市场等利率进行自律管理，这也是推进利率市场化的重要组成部分。2013年12月，中国人民银行印发了《同业存单管理暂行办法》（中国人民银行公告2013年第20号），同业存单业务正式推出。2014年4月，中国人民银行、中国银监会、中国证监会、中国保监会、国家外汇管理局联合印发的《关于规范金融机构同业业务的通知》（银发［2014］127号）中表示要对同业业务堵邪路、开正门，其中的正门之一便是引导金融机构积极参与同业存单试点。

作为金融机构之间交易的一种金融产品，同业存单将线下撮合、线下交易的同业存款业务引导至银行间市场，使银行同业业务显性化，具有诸多优点。对于发行同业存单的银行，同业存单不可以提前支取，1年以内的同业存单为固定利率，具有稳定的规模和利率，可以成为发行银行稳定的负债来源，有利于发行银行稳定资产负债表。对于购买同业存单的金融机构，同业存单可以在二级市场出售，可以作为质押品进行回购交易，流动性好，不会出现同业存款提前支取时，损害与交易对手之间关系的尴尬。同时，同业存单一级市场采用市场化发行，二级市场采用市场化交易，信息透明度高，有利于金融机构间的相互了解，也有利于管理部门的统计和监管。

同业存单具有诸多优势，又是管理部门鼓励的发展方向，不受中国银监会《关于规范金融机构同业业务的通知》（银发

［2014］第127号）提出的银行同业融入资金余额不得超过负债总额1/3的限制，所以同业存单推出之后便得到迅速发展，逐渐成为银行同业负债的重要来源。2014年年末，同业存单余额为0.6万亿元，2015年年末～2017年年末分别达到3.03万亿元、6.28万亿元和8.01万亿元，与成熟的政策性金融债（银行间市场和交易所市场合计，没有考虑柜台市场）进行对比，2014～2017年分别是后者余额的6%、27.5%、50.6%和59.1%。政策性金融债始于1994年，主要由国开行、进出口银行和农发行发行，是我国最重要的金融债券。同业存单利用短短4年的时间，便已经达到历史悠久的政策性金融债余额的近60%。虽然同业存单具有诸多优点，但规模过快增长还是带来了隐忧。同业存单的大量发行带动银行负债规模攀升，造成银行资产负债表膨胀，更重要的是增加了银行对短期负债的依赖程度，期限错配问题更加突出，尤其对于农商行、农合行、农信社、规模较小的城商行等，其本身资产负债管理水平有限，抵御风险能力不强，短期负债比重过高，并不利于其稳健经营。

五、杠杆上的债券牛市

2013年6月，钱荒发生之后，债券市场利率持续了5个月的攀升，10年期国债收益率于2013年11月20日达到4.72%的高位，随后进入近3年下滑通道，债券市场由此经历了一轮大牛市。这一轮债券牛市的经济背景受宏观经济进入换档期的影响，企业投资和信贷需求减弱，企业贷款信用风险攀升，银行企业信贷渠道增长乏力，尤其是中小银行，自身实力有限，大型优质企业信贷项目和基础设施类贷款市场份额占比低，受信贷渠道疲软影响更大。此时，出于对宏观经济下行的担忧，我国货币政策并没有明显收紧，仍保持着适度流动性。在此情况下，扩大主动负债、进行非贷款类投资成为银行的主要策略，其中同业存单、同业理财、债券投资所形成的业务链条扩张速度最快，并成为这一轮债券牛市的主要推动力量。

在同业存单、同业理财、债券投资所形成的业务链条中，银行之间根据自身特点寻找合理位置，赚取相应收益。同业存单方面，大型国有银行存款较为稳定，接收货币政策规模较大，同业存单发行规模不大，股份制银行和部分规模较大的城商行做大规模的冲动最为强烈，同业存单发行最为积极，其他规模较小的银行在传统存贷款业务受阻的情况下，也积极参与同业存单发行。从2017年6月末存续同业存单余额来看，大型国有银行和邮储银行发行的同业存单占比为1.3%，股份制银行占比为43.7%，城商行、农商行、农合行、农信社、村镇银行等占比为55%。同业理财方面，规模也在快速增长。2014年年末，银行理财产品中同业类产品存续余额为0.49万亿元，占比全部银行理财产品存续余额的3.3%。2015年年末和2016年年末的存续余额分别为3万亿元和5.99万亿元，占比分别为12.8%和20.6%。分类来看，大型商业银行依靠销售渠道广、信用等级高的优势可以抢占个人客户、机构客户和私人银行客户，小型银行对同业理财产品的依赖程度更强。由此，在同业存单、同业理财、债券投资所形成的业务链条中，小型银行发行同业存单和同业理财投资或委托外部投资于债券市场，大型银行通过存款和非同业类理财产品募集资金，投资小型银行发行的同业存单和同业理财，同时也存在较大银行通过同业存单募集资金，投资于较小银行的同业理财。正是通过这一业务链条，在同业存单和同业理财规模快速攀升的推动下，债券市场获得了源源不断的流动性。

这一轮债券牛市的另一个推动力量是杠杆操作。随着银行投资债券市场规模的不断扩大，自营能力明显不足，委托基金公司、证券公司等代为投资的模式获得了快速发展，尤其是规模较小的银行，自身投资能力有限，委外投资更是不可或缺。接受银行资金的受托机构具有强烈的盈利冲动，普遍采用高杠杆博取高收益，回购交易被普遍采用，证券公司和基金子公司的资管计划、私募基金等普遍采用分级模式，杠杆率进一步提升。从银行间市场回购业务来看，2014 年，证券公司和基金类机构质押式净正回购操作规模合计为 14.8 万亿元，2015～2016 年，分别达到 34.3 万亿元和 50.6 万亿元，增速分别为 131.2% 和 47.5%。流动性供给和高杠杆操作推动债券市场收益率持续下行，债券牛市得以延续，至 2016 年 11 月债券收益率开始明显上行之前，1 年期和 10 年期国债收益率已经分别下探至 2.13% 和 2.65% 的低位，较 2013 年 6 月钱荒后的高位分别下行了 2.12 个百分点和 2.07 个百分点。

随着我国宏观经济的企稳，货币政策开始实质性收紧，金融去杠杆被提上日程。国际方面，美国开始了正常加息步伐，在内外因素的共同作用下，这一轮债券牛市宣告结束。从 2016 年年末开始，债券市场开始较大波动，利率明显走高，此时，高杠杆操作的脆弱性开始显现。在利率由低位向高位攀升的过程中，高杠杆机构对利率上涨的承受能力较弱，被迫抛售债券降低杠杆率，并引发利率继续上行，进一步触及杠杆率略低机构的承受水平，由此形成机构降杠杆和利率攀升的恶性循环。利率风险引发机构的流动性风险，并形成两类风险的相互促进，最明显的表现便是 2016 年 12 月 20 日，1 年期和 10 年期国债收益率分别达到了 3.05% 和 3.37%，1 个多月的时间里分别抬高了 0.92 个百分点和 0.72 个百分点。最先暴露出问题的是处于灰色地带的代持业务。代持业务是一种私下的回购操作，金融机构之间通过债券代持来实现短期融资、增加杠杆、应对考核时点、冲击排名、掩盖亏损、避税、利益输送等多种目的。由于代持业务是一种私下协议，所以具有较大的操作风险。2016 年 12 月，国海证券员工利用伪造的公章，委托其他金融机构代持债券，随后债券价格暴跌，国海证券认为代持合同公章系伪造，拒绝按合同回购债券。事件涉及众多证券公司，还包括银行和信托公司。在中国证监会的调解下，国海证券最终按合同回购债券，承担了相关损失。

在利率上升过程中，除了高杠杆机构承受着巨大压力外，同业存单、同业理财、债券投资所形成的业务链条也承受着压力，尤其是处于链条末端的、直接或委外投资于债券市场的小型银行机构面临的压力更大。其原因一是小型银行作为大型银行的缓冲，承担了债券市场风险。因为小型银行处于业务链条末端，资产端配置更多为债券资产，与之相比，大型银行处于业务链条前端，资产配置更多为小型银行的同业存单和同业理财，所以小型银行率先承受了债券市场风险，成为大型银行债券市场风险的缓冲。二是期限错配严重。为了通过提高资产端收益来弥补负债端成本的不断攀升，银行债券投资普遍提高久期，通常到期期限在 2 年左右，而银行同业存单和同业理财通常为半年左右，小型银行同业负债和债券投资模式存在较强的期限错配。三是流动性风险突出。小型银行为了保证资产端持有的长期资产，需要保证负债端同业存单和同业理财的连续发行。利率上行使同业存单和同业理财的发行成本攀升，同时银行购买同业理财的忠诚度也不高，对价格很敏感。在此情况下，小型银行只能高价发行同业存单和同业理财，或者提前处置债券资产，两种方式都会对其利润造成影响。

债权牛市的结束，使金融机构失去了高杠杆操作的动力，也使同业存单、同业理财、债券投资所形成的业务链条难以维系。2017 年年末，同业存单余额为 8.01 万亿元，同比增速为 28%，较 2016 年 107% 的增速已经大幅回落。2017 年年末，银行理财产品中同业类产品存续余额为 3.25 万亿元，比 2016 年年末减少 2.74 万亿元，占全部理财产品的比例为 11%，比 2016 年年末下降 9.6 个百分点。

六、未来

2017 年以来，世界主要经济体复苏势头明显，我国经济企稳向好趋势也已经形成，前期偏松的货币政策明显转向，未来一段时间里，偏紧的货币政策、金融机构去杠杆、防范金融风险将是主旋律。今后，支持同业业务快速发展的宏观经济环境和货币政策环境已经很难再出现，金融危机后同业业务快速发展的阶段已经过去。规范化将是未来同业业务发展的主要方向。

2014 年 4 月，中国人民银行、中国银监会、中国证监会、中国保监会、国家外汇管理局联合印发的《关于规范金融机构同业业务的通知》（银发［2014］127 号）已经对同业业务进行了规范。同业拆借需要在全国统一的同业拆借网络进行；同业存款存入方只能是存款类金融机构，并准确划分为结算性同业存款和非结算性同业存款；同业代付原则上仅适用于跨境贸易结算；买入返售仅限于两家金融机构之间的交易，不能存在第三方担保，资产仅限于银行承兑汇票和高流动性资产；同业投资不得有任何形式的第三方担保。未来，除以结算、贸易等为目的的同业业务外，投融资类同业业务将朝着标准化、透明化的方向发展，将坚持朝着提高银行流动性管理水平、优化资源配置的方向发展。资产证券化业务、同业存单业务等将是未来的主流业务模式。近年来，同业存单业务在与债券牛市相互促进的情况下，发展迅猛。未来，失去了债券牛市的支撑，在没有挖掘出新的投资领域前，同业存单规模将保持平稳增长。同时，在防控金融风险的背景下，政策层面对同业存单的支持力度也有所下降。2017年4月，中国银监会印发的《关于开展银行业“不当创新、不当交易、不当激励、不当收费”专项治理工作的通知》(银监办发〔2017〕53号）中，便将同业存单规模列为专项治理检查要点，虽然没有明确将同业存单计入同业融入资金，纳入总负债1/3上限管理，但是也要求银行按照假设计入的情况进行自查。

第七章 资管浪潮

多年来，我国金融体系以间接融资为主，银行在金融体系中占有绝对主导地位，由此带来了资本市场不发达、企业资产负债率过高等问题。提高直接融资，特别是股权融资比例是我国长期努力的方向，资产管理行业正是实现这一目标的关键一环。近年来，我国资产管理行业发展很快，管理资金规模迅速膨胀，已经成为金融体系中不可忽视的一股力量，但同时也出现了部分资产管理业务偏离代客理财本质，存在监管套利行为，引发金融风险，削弱国家宏观调控政策效果等问题。

一、历史回顾

资产管理业务是机构受投资者委托，对其财产进行投资管理。目前，我国依规开展资产管理业务的机构包括银行、信托公司、证券公司、基金公司、期货公司、保险公司、私募基金等，涵盖了我国主要类型的金融机构。从历史发展来看，虽然在概念上存在不同，但我国很早便开始开展类似业务了，只是前一阶段的发展并不顺利，业务规模很小。

（一）信托公司相关业务

信托计划和公募基金是最为传统的资产管理业务，也是我国最先涉足的资产管理业务。改革开放后的1979年，我国成立了第一家信托公司，即中国国际信托投资公司。随后，中央部委、地方政府、银行分行等纷纷设立了大量的信托公司，在此后的20多年里，信托行业发展跌宕起伏，先后出现了5次发展过热，也经历了5次清理整顿。总结其中的原因，功能定位不清，偏离信托业务本质是根本。首先，这一阶段的信托业务具有明显的银行业务特点，主要开展存贷款业务，监管模式也主要参照银行进行管理。其次，具有突出的混业经营特点，信托公司广泛参与证券行业，通过下设证券部开展发行、经纪、自营等业务，同时还积极从事直接实业投资等。最后，开展的资产管理业务非常有限。在当时的情况下，我国人均收入水平较低，缺乏开展资产管理业务的外部条件，同时，法律和制度也不健全，还没有建立起委托人、受托人、受益人之间的权力义务关系，信托公司也还不具有开展本质业务的内部条件。

2001年4月，《中华人民共和国信托法》颁布，2002年5月和6月，中国人民银行分别印发了《信托投资公司管理办法》（中国人民银行令2002年第5号）和《信托投资公司资金信托管理暂行办法》（中国人民银行令2002年第7号），由此建立起支持信托回归财产管理业务本质的法律和制度框架，从制度上区分了信托公司与商业银行，以及信托业务与银行业务；明确了信托业务包括资金信托、动产信托、不动产信托和其他信托，信托财产不属于信托公司的固有财产，也不是信托公司对受益人的负债；明确了资金信托业务的私募性质，委托人仅为具有识别能力和风险承受能力的特定人群或机构，信托公司在办理资金信托业务时不得以任何形式吸收或变相吸收存款。除信托业务外，信托公司还可以开展企业资产重组、公司理财、财务顾问等投资银行业务，以及利用固有财产开展自营业务。2002 年 7 月 18 日，上海爱建信托成功推出首个规范的资金信托计划，即上海外环隧道项目资金信托计划，被认为是信托回归主业的开端。

2002 年以后，我国信托业进入规范发展阶段，取得了明显进步。但是，由于信托业此前长期从事类银行业务，回归业务本质存在很大阻碍，违规事件时有发生，转变过程比较缓慢。主要表现为：一是与银行信贷业务同质化明显。大量集合资金计划变相承诺收益，风险大量集中在受托人。资金运用主要以贷款为主，资金信托业务倾向于融资业务，财产管理能力没能得到发挥。二是信托公司主业薄弱。信托业务收到集合资金信托合同不得超过 200 份，信托公司不得异地展业等限制，制约了信托业务的发展。同时，规章制度对信托公司固有业务和关联交易限制很少，使得信托公司过度追求自营业务，自营业务与信托业务之间关联交易频繁。鉴于此，2007 年 1 月，中国银监会重新印发了《信托公司管理办法》（银监会令 2007 年第 2 号）和《信托公司集合资金信托计划管理暂行办法》（银监会令 2007 年第 3 号）；2009 年 2 月，小幅修改后，重新印发了《信托公司集合资金信托计划管理暂行办法》（银监会令 2009 年第 1 号）。

2007 年发布的管理办法进一步强化了引导信托业回归本源，做强主业，加强了信托公司规范化管理，鼓励信托公司做强做大。具体来看：一是加强信托公司固有业务管理。资产方面，禁止信托公司投资实业；负债方面，要求信托公司不得开展除同业拆入以外的其他负债业务，同业拆入余额不得超过净资产的20%；担保方面，信托公司对外担保余额不得超过净资产的50%，不得为关联方提供担保。二是引导信托业务健康发展。要求贷款不得超过信托计划实收余额的30%，引导信托业务向资产管理方向发展，与银行业务相区别。信托计划合格投资者数量不受限制，引导信托向高端私募方向发展。三是加强对委托人和受益人合法权益的保护，完善信托计划成立前和存续期间的信息披露要求，建立信托计划财产保管制度，增设信托计划受益人大会制度，强化信托公司审慎经营和稳健运行的要求，对固有业务和信托业务间的关联交易进行严格限制。四是在机构管理方面，中国银监会对信托公司实行净资本管理，将信托公司细分为主动管理类和事务管理类，实行差异化注册资本要求，取消信托公司异地展业限制，完善信托公司破产的相关规定。

（二）基金管理公司相关业务

与信托计划一样，公募基金也是比较传统的资产管理业务。我国早期的证券市场以信托公司和证券公司柜台市场的形式出现。1990年，沪深股市成立并开始营业，标志着全国统一证券市场的形成；1992年，国务院证券委和中国证监会成立，标志着我国证券市场统一监管体制的形成。从全国统一证券市场形成之日起，以散户为主的投资者结构，使得其交易行为受情绪影响较大，一直是我国证券市场面临的突出问题。公募基金由于具有投资门槛低、透明度高、佣金低、专业操作等特点，被寄予厚望。1997年，国务院证券委印发了《证券投资基金管理暂行办法》；1998年，南方、国泰等首批基金管理公司成立，基金金泰和基金开元两只封闭式基金上网发行，由此开启了我国规范化公募基金的序幕。2000 年 10 月，中国证监会印发了《开放式证券投资基金试点办法》（证监基金字［2000］73 号）。2004 年，中国证监会和中国人民银行联合印发了《货币市场基金管理暂行规定》（证监发［2004］78 号），推动了我国公募基金种类的不断丰富。2003 年 10 月，《证券投资基金法》颁布，2004 年 6 月，中国证监会印发了《证券投资基金运作管理办法》（证监会令 2004 年第 21 号），奠定了我国公募基金行业的法律制度基础。从 2004 年开始，基金发行市场化逐步推进，基金发行数量明显增加。

2007 年以后，公募基金迎来一个辉煌时期，这主要得益于两方面：一是股权分置改革带来的红利，以及随之而来的股票市场繁荣；二是基金发行审批渠道的扩大，由最初的一条线审批扩展为偏股、债券、创新等多条线审批。2006 年，中国证监会、中国人民银行、国家外汇管理局联合印发了《合格境外机构投资者境内证券投资管理办法》（证监会令 2006 年第 36 号）；2007 年，中国证监会印发了《合格境内机构投资者境外证券投资管理试行办法》（证监会令 2007 年第 46 号）。公募基金种类更加丰富，同时也进一步增加了基金发行审批渠道。此时，公募基金行业具有突出的业绩导向，加大投资研究、追求业绩，创造出资金管理规模庞大的基金管理公司。主动管理型偏股基金创造出优秀的基金经理，优秀的基金经理成为基金管理公司最宝贵的无形资产，品牌效应极大地提高了基金管理公司在资金募集方面的优势。华夏基金、王亚伟、华夏大盘就是那个时期的典型代表。

2008 年金融危机后的股票市场熊市，2009 年政策刺激下的小幅反弹，随后的振荡下行，在市场大环境的影响下，曾经创造辉煌的主动管理型偏股基金风光不再，投资回报率吸引力不足，业绩持续能力下降，业绩对基金行业影响力弱化。即使是 2015

年股票市场再度迎来牛市，基金行业也再没有鲜明地表现出业绩导向。基金行业注重投资研究，打造明星基金经理，以业绩创规模的时代过去了。

2012年，基金行业迎来了再次爆发，这次引领基金行业快速发展的是创新，进而成为整个资产管理行业创新的一部分。首先，在沪深300股指期货推出的背景下，2012年4月，嘉实和华泰柏瑞发行的2只沪深300ETF基金得到了市场的积极响应，获得大规模认购。随后，在中国银监会叫停30天以内的短期银行理财产品的背景下，2012年汇添富和华安首先推出了短期理财基金，迅速抢占了银行理财产品留下的市场空白，两者首发累计规模分别达到500亿元和300亿元，巨大的成功开启了短期理财基金爆发的序幕。短期理财基金具有门槛低、零申赎费、随时买、定期赎、风险低、透明度高、日结转、自动滚存等特点，风险低和便利性高的特点成为其重要卖点。依靠银行大股东优势的基金管理公司，成为短期理财基金爆发的最大受益者。但是，短期理财基金的高速成长势头并没有持续太久。2012年下半年推出的T+0货币基金将风险低和便利性高这个卖点进行了进一步的发挥。2013年6月，借助支付宝这一互联网平台，天弘基金余额宝横空出世，短时间内的规模爆发震惊了整个基金行业，T+0货币基金将自身优势与初级理财人群相结合，创造出一个基金业的神话。

特定客户资产管理业务（简称专户业务）对我国基金管理公司具有里程碑式的意义。2007年11月，中国证监会印发了《基金管理公司特定客户资产管理业务试点办法》（中国证监会令2007年第51号），基金管理公司专户理财业务试点正式启动，标志着基金管理公司可以开展私募性质的业务，基金管理公司从公募为主向公募和专户均衡发展转变，既可以为普通大众提供公募产品，又可以为中高端客户提供个性化的专户产品。试点工作从一对一专户业务开始，投资门槛为 5 000 万元，从当时情况来看，目标客户并不多。2009 年，试点工作延伸到一对多专户业务，投资门槛降至 100 万元。截至 2011 年 6 月末，取得专户业务资格的基金管理公司共有 37 家，管理资产仅为 1 000 亿元左右。

针对基金公司专户业务发展缓慢，2011 年 8 月，中国证监会修订并重新印发了《基金管理公司特定客户资产管理业务试点办法》（证监会令 2011 年第 74 号），放松监管要求。主要包括：一是降低了门槛，不再设置基金管理公司业务准入具体指标门槛，单只专户产品初始规模下限由 5 000 万元降至 3 000 万元，使得更多中小基金公司也可以开展专户业务。二是扩大了投资范围，一对多专户产品投资单只股票的比重由 10% 提高至 20%，将商品期货也纳入了投资范围。三是放松相关规则，增加一对多专户产品开放频率，提高一对多专户产品业绩报酬收取方式的灵活性，放宽一对多专户合同的展期要求。

从 2011 年开始，信托公司和证券公司大量介入非标准化债权资产管理业务，此时，基金管理公司公募业务和专户业务的投资范围均局限于标准化资产。为了进一步满足基金管理公司多层次业务发展需求，形成与信托公司和证券公司公平竞争的地位，中国证监会决定放开基金管理公司开展非标准化债权资产管理业务限制。但是，鉴于基金管理公司公募业务涉及大众投资者，需要对风险较高的非标准化债权资产管理业务进行隔离。2012 年 9 月，中国证监会再次修订并重新印发了《基金管理公司特定客户资产管理业务试点办法》（证监会令 2012 年第 83 号），明确专户业务投资范围包括未通过证券交易所转让的股权、债权及其他财产权利，将此类资产管理计划称为专项资产管理计划，并明确基金管理公司需设立专门的子公司开展专项资产管理业务。2012年10月，中国证监会印发了《证券投资基金管理公司子公司管理暂行规定》（证监会公告2012年第32号），对基金子公司行为进行规范。

（三）私募基金

按中国证券投资基金业协会的标准，我国私募基金主要包括创业投资基金（也被称为风险投资基金）、私募股权基金和私募证券投资基金（也被称为阳光私募），前两者投资于非上市企业，后者则专注于二级市场。在我国，创业投资基金、私募股权基金、产业投资基金三者在概念上并不清晰，彼此间存在重复使用的现象。相比较而言，私募股权基金的范围相对大一些，可以包括创业投资、成长期投资、并购、夹层投资、首次公开发行前投资（Pre－IPO）等。创业投资基金是私募股权基金的最初形式。目前的趋势是其他类型的私募股权基金逐渐与创业投资基金相区别，被单独地称为私募股权基金。我国对创业投资基金有特别的政策支持，所以政策上也支持这种区分。产业投资基金概念更多地被政府部门所青睐，其主要目的是推动特定地区和特定产业的发展。

我国私募基金的最初发展具有浓厚的政府背景，从主要类型来看，一是科技投资公司。为支持变化迅速、风险较大的高技术开发工作，1986年，中国新技术创业投资公司（即中创公司）成立，这是我国通过机构支持创业投资领域的首次尝试。20世纪90年代，上海、江苏、浙江、重庆等地方政府也相继设立了科技创业投资公司、科技风险投资公司等。二是乡镇企业投资基金，典型代表是1992年成立的淄博乡镇企业投资基金。三是境外中国产业投资基金。1990年前后，为了引进外资，支持国内建设，中国银行、中信、中创公司、招商局、上海国际信托投资公司等中资机构作为发起人在境外注册成立私募基金，在境外募集资金，投资于境内的产业项目。1995 年，中国人民银行印发了《设立境外中国产业投资基金管理办法》（人民银行令 1995 年第 1 号）。四是境内产业投资基金。发展初期，政策层面对设立这类基金是非常谨慎的，大多是经国务院特批的拥有主权信用的中外合资基金。典型代表是 1998 年由国家开发银行和瑞士联邦对外经济部共同设立的中瑞合作基金，2003 年和 2005 年分别成立的中国东盟小企业投资基金和中国—比利时直接股权投资基金。

20 世纪 90 年代，一些外资机构在境外设立了中国投资基金，对境内进行直接投资，或者投资于一些有中国概念的外资公司，成为外资私募基金涉足中国的开端。具有代表性的是 1993 年成立的太平洋风险技术基金，也就是目前 IDG 资本的前身，主要从事创业投资领域。2000 年以后，外资私募基金在我国的活跃度逐渐上升，除创业投资业务外，也积极从事并购等业务，包括 2004 年新桥资本获得深发展控股权，美国华平投资参与重组哈药集团等。中国企业境外收购案例中也有外资私募股权基金的身影，如联想收购 IBM 案例中，德州太平洋集团、General Atlantic、新桥资本共提供了 3.5 亿美元的战略投资。与此同时，中资机构也开始活跃在私募股权基金领域，包括 2002 年成立的中金直接投资部，也就是目前鼎辉投资的前身，2003 年成立的联想控股直接投资事业部，也就是目前弘毅投资的前身。

从 1986 年中创公司成立以来的 20 年时间里，创业投资基金也一直是我国私募基金的主体。2005 年 11 月，发改委、科技部、财政部、商务部、人民银行联合印发了《创业投资企业管理暂行办法》（发改委令 2005 年第 39 号），明确创业投资是针对成长性企业进行股权投资，以期企业发育成熟后获得资本增值，规定创业投资基金在发改委进行备案，投资运作符合规定的，可以享受政策扶持。2007 年 6 月，《合伙企业法》修订，明确法人可以参与合伙，增加有限合伙制度。当月，深圳市南海成长创业投资合伙企业成立，成为我国首家有限合伙模式创业投资基金。

与之相比，我国境内产业投资基金的发展并不顺利，最初均以特批形式成立。2006 年年底，在没有出台相关管理办法的情况下，渤海产业投资基金特批成立，成为我国首家全中资背景的产业投资基金。2007 年，发改委扩大人民币产业投资基金试点，又陆续批准了两批共 9 只产业基金。随后，我国对产业投资基金的管理由审批制向核准制转变，发改委起草还未印发的《产业投资基金管理办法》向《股权投资基金管理办法》过渡，但由于分歧较大，上述 2 个制度文件最终都没能顺利推出。2008 年，发改委在全国 6 省（市）开展股权投资企业备案试点，同时全国社保基金获批，可以投资发改委批准的产业投资基金，以及发改委备案的市场化私募股权基金。2011 年，发改委进一步明确，除已经备案的创业投资基金、规模不足 5 亿元的基金、单一投资人的基金外，试点地区其他从事非上市企业股权投资的私募基金均应进行备案。

私募证券投资基金也被称为阳光私募，是私募基金的另一种重要形式。1990 年沪深股市成立和开始营业之时，我国便出现私募证券投资基金的雏形，包括证券公司和个人拉拢资金大户认购新股，赚取一级市场与二级市场价差，也包括投资工作室、投资咨询顾问公司等，接受客户委托投资二级市场，但从总体上看，此时这类操作很不规范，投资运作也很不专业，这种操作模式在 2001 年 7 月开始的股票市场熊市中受到很大冲击，难以为继。2003 年，云南国际信托有限公司成立了中国龙资本市场集合资金信托计划，形成自主管理的信托模式。2004 年，赵丹阳作为投资顾问，与深圳国际信托投资有限公司（现华润信托）合作成立深国投·赤子之心（中国）集合资金信托计划。这两个信托计划被认为是我国私募证券投资基金阳光化的开端，此时的阳光私募主要是与信托公司合作。

2007 年左右，伴随着股票牛市，我国出现了第一次公募基金经理转向私募的浪潮，先进的投资理念和投资方法显著地提高了私募基金水平。2009 年 1 月，中国证监会印发了《信托公司证券投资信托业务操作指引》（银监发［2009］11 号），意味着信托模式的阳光私募得到监管认可。随后，出现了第二次公奔私的浪潮。2012 年，我国修改后重新颁布了《证券投资基金法》，私募证券投资基金与公募基金享有同样的法律地位。2012 年，业绩导向时代明星基金经理王亚伟离开华夏基金，成立千合资本，引领了公奔私的第三次浪潮。

如何对私募基金进行监管，在我国一直是个难题。最初，创业投资基金和产业投资基金以及后来的私募股权基金的监管职责最初属于发改委（包括原国家计委）；私募证券投资基金的监管职责属于中国证监会。2013 年 6 月，中央编办印发《关于私募股权基金管理职责分工的通知》（中央编办发［2013］22 号），明确中国证监会负责包括创业投资基金在内的私募股权基金的监督管理职责，发改委负责支持私募股权基金发展，规范政府出资私募股权基金行为，由此，各类私募基金的管理职责整合工作完成。2014 年 8 月，中国证监会印发了《私募投资基金监督管理暂行办法》（证监会令 2014 年第 105 号），针对境内全部非公开发行基金，明确私募基金管理机构和私募基金不设行政审批，由此形成私募基金统一监管规则，赋予私募基金合法地位，允许私募基金管理人独立自主发行私募基金。中国证券投资基金业协会负责私募基金管理人的登记和私募基金的备案。2014 年 1 月，中国证券投资基金业协会印发了《私募投资基金管理人登记和基金备案办法（试行）》（中基协发［2014］1 号），成为私募基金行业自律规则。随后，证券公司、基金管理公司、期货公司等金融机构的资产管理私募业务也纳入统一监管范围。2016 年 7 月，中国证监会发布《证券期货经营机构私募资产管理业务运作管理暂行规定》（证监会公告 2016 年第 13 号），明确证券投资基金业协会负责资产管理计划的备案管理与风险监测工作。

（四）证券公司相关业务

沪深股市成立后不久，证券公司便开始了针对个人客户的代客理财业务，随着 1993 年股票市场的繁荣，业务进一步扩展到机构客户，但此时的资产管理业务并没有与经纪业务和自营业务进行严格分离。从 2001 年 6 月开始，股票市场进入熊市，浮动佣金等市场化改革逐步推开，证券行业历史遗留问题开始暴露，证券公司风险事件不断爆发，大量证券公司被清盘。经过一些监管实践，中国证监会最终于 2003 年 12 月印发了《证券公司客户资产管理业务试行办法》（证券会令 2003 年第 17 号），对证券公司资产管理业务进行规范。制度明确要求资产管理业务要与证券公司其他业务严格分开，并将证券公司资产管理业务分为面向单一客户的定向资管、面向多个客户的集合资管、针对特定目的的专项资管。2008 年 5 月，中国证监会又分别印发了《证券公司定向资产管理业务实施细则（试行）》（证监会公告 2008 年第 25 号）和《证券公司集合资产管理业务实施细则（试行）》（证监会公告 2008 年第 26 号）。

2012 年 10 月，中国证监会正式印发了《证券公司客户资产管理业务管理办法》（证券会令2012年第87号），并于2013年进行了修订，同时也相应更新了定向资管和集合资管的实施细则。总体上看，通过制度修订放松了证券公司资产管理业务管制。一是中国证监会对集合资管计划由审批改为由中国证券业协会备案；二是允许集合计划份额根据风险收益特征进行分级；三是适度扩大了资金投资范围和使用方式，包括允许集合资管计划进行回购操作。同时，通过制度修订也加强了透明度和市场化方面的监管，包括加强集合资管计划销售环节的监管，要求金融机构充分揭示风险，强化市场主体责任，避免利益冲突等。

（五）期货公司相关业务

期货交易有其独特性，包括强大的对冲风险功能，非常适合量化交易和高频交易。期货价格变动与其他金融资产相关性较低，非常适合开展多元投资，从而分散风险。正是由于期货交易的独特性，才使得期货公司资产管理业务存在一定的市场需求。2012年7月，中国证监会印发了《期货公司资产管理业务试点办法》（证监会令2012年第81号），拉开了期货公司资产管理业务的序幕。该制度明确期货公司资产管理业务是为客户制定投资策略，按照合同约定管理委托资产，也就是从事一对一业务，同时规定单一客户起始委托资产不得低于100万元。由于期货公司在非标准化债权资产管理业务领域和二级市场投资方面资源较少，所以其相关业务发展速度远不及其他金融机构的资产管理业务。

2014年5月，国务院发布《关于进一步促进资本市场健康发展的若干意见》（国发［2014］17号），为期货公司资产管理业务发展提供了契机。一是允许金融机构交叉持牌，混业经营；二是进一步丰富期货品种，发展商品期权、商品指数、股指期权、股票期权等；三是允许机构投资者使用期货衍生品对冲风险，削减了企业运用风险管理工具的限制。2014 年 12 月，中国期货业协会发布《期货公司资产管理业务管理规则（试行）》（中期协字［2014］100 号），明确期货公司资产管理业务包括一对一业务和一对多业务，期货公司一对多业务开闸，同时管理规则还适度放宽了业务准入门槛。

（六）银行相关业务

最初的银行理财产品是伴随着我国利率市场化改革出现的。2000 年，300 万美元以上大额外币存款利率放开，在此背景下，2002 年光大银行推出美元结构性存款业务，成为我国银行理财产品的开端，随后，其他银行陆续跟进，市场逐渐繁荣。按照我国稳步推进利率市场化改革的思路，将放开个人人民币存款利率安排在最后阶段，个人存款利率与市场化的银行间市场利率间存在较大利差，这为银行理财产品提供了巨大空间。2004 年，光大银行推出了“阳光理财 B 计划”，主要投向利率债、银行间金融工具等安全资产，成为我国首款人民币理财产品。随后，其他股份制银行和国有银行也开始陆续发行人民币理财产品。2005 年，中国银监会印发了《商业银行个人理财业务管理暂行办法》（银监会令 2005 年第 2 号），在政策上承认了银行理财产品的合法地位。

2006 年，我国银行理财品种开始逐渐丰富。一是投资于境外市场。2006 年，中国人民银行、中国银监会、国家外汇管理局联合印发了《商业银行开办代客境外理财业务管理暂行办法》（银发［2006］121 号），中国工商银行和中国银行成为最早推出代客境外理财产品的国有银行，东亚银行是最早推出相关产品的外资银行。二是新股申购类产品。2006 年，随着股票市场进入牛市，一级市场和二级市场出现巨大套利空间，新股申购类银行理财产品获得了市场的极大认同，短时间内获得爆发式增长。三是出现了投资信贷资产和信托贷款的银行理财产品。

私人银行是银行开展的私人财富管理业务，属于银行的另一项资产管理业务，专门面向高净值人群提供投资等财务服务。2005 年，中国银监会批准瑞士友邦银行设立上海代表处，成为境内首家境外私人银行，也是我国私人银行业务的开端。2006 年，花旗银行私人银行部在上海成立，成为我国首家经营私人银行业务的银行。2007 年，中国银行和苏格兰皇家银行合作在北京和上海开办私人银行业务，开创了国内银行开展私人银行业务的先河。随后，招商银行、中国工商银行等陆续跟进，我国私人银行业务获得了一定程度的发展。迄今为止，我国还没有形成私人银行业务方面的制度文件，包括准入、法律关系、反洗钱、隐私保护、风险提示、创新产品监管等方面的问题均亟待明确。

（七）保险公司相关业务

2003 年，中国人保资产管理公司成立，成为我国第一家保险资产管理公司。2004 年 4 月，中国保监会印发了《保险资产管理公司管理暂行规定》（保监会令 2004 年第 2 号），保险资产管理公司制度得以确立，资金来源局限于保险集团和保险公司，投资领域局限于银行存款、买卖政府债券、金融债券等，业务模式和投资理念比较保守，主要通过负债来驱动资产配置。2006 年 3 月，中国保监会印发了《保险资金间接投资基础设施项目管理办法》（保监会令 2006 年第 1 号），保险资产管理公司可以设立投资计划，吸收保险资金，投资基础设施领域。2013 年 2 月，中国保监会印发了《关于保险资产管理公司开展资产管理产品业务试点有关问题的通知》，保险资产管理公司开展资产管理业务，投资领域进一步扩大至股票、基金、企业类债券、信贷资产支持证券、不动产投资计划、项目资产支持计划等。

2013 年以来，保险资产管理产品由逐单核准转变为注册制，保险资产管理业协会承担产品注册工作。2015 年 8 月，中国保监会印发了《保险公司资产支持计划业务管理》（保监发［2015］85 号），标志着保险资产证券化业务的开端。2015 年 9 月，中国保监会印发了《关于设立保险私募基金有关事项的通知》(保监发［2015］89 号)，明确保险资金可以设立私募基金，保险资产管理机构承担发起人和基金管理人的职责，标志着保险资产管理公司私募业务取得突破。近年来，保险资产管理公司投资管理能力得到了大幅提升，由负债驱动型向综合投资型转变，已经形成了二级市场投资业务、各类投资计划形式的投行业务、资产证券化等金融同业业务、养老等财富管理业务四大业务板块。

二、近年来的发展

2009 年左右，资产管理行业开始升温；2012 年以后逐渐步入快车道，业务规模出现爆发式增长；2017 年以来，随着监管趋严，行业开始出现一定程度的降温。

（一）银行理财资金投资信贷资产

全球金融危机以前，我国银行理财业务处于稳步发展阶段，政策上也在鼓励银行理财业务发展。2007 年 11 月，中国银监会印发了《关于调整商业银行个人理财业务管理有关规定的通知》（银监办发［2007］241 号），对原有的《商业银行个人理财业务管理暂行办法》（银监会令 2005 年第 2 号）做了部分调整，包括银行发行保收益理财产品由审批制改为报告制，银行发售理财产品由事前报告改为事后备案等，放松了监管要求。

2009 年，受全球金融危机后宏观政策环境的影响，市场信贷需求强劲。2010 年，宏观调控禁止银行信贷投向房地产、地方政府融资平台、“两高一剩”等领域，此时银行绕开信贷规模监管的需求更加迫切。在此背景下，银行理财产品业务快速发展，其中最为突出的是信贷资产类理财业务和银信理财合作。

2009 年 7 月，中国银监会印发了《关于进一步规范商业银行个人理财业务投资管理有关问题的通知》（银监发［2009］65 号），加强了银行个人理财业务的监管。主要包括：一是理财客户须按有无投资经验进行划分，对面向有投资经验客户的理财产品设置投资起点金额；二是按照会计准则，不符合转移标准的所投资产纳入表内核算；三是理财资金投资银行信贷资产须为正常类，并比照自营业务进行管理；四是理财资金投资信托贷款须满足国家产业政策，做好尽职调查；五是理财资金投资单一借款人的信贷资产和信托贷款均不应超过银行净资本的 10%；六是银行理财资金不得投资二级市场股票和股票基金，不得投资其他类型的公司股权；七是鼓励银行通过私人银行业务满足高净值客户资产管理业务需求。

由于银行当时存在强大的扩张冲动，上述文件并没有起到预期效果。2009 年 12 月，政策进一步收紧，中国银监会印发了《关于规范信贷资产转让及信贷资产类理财业务有关事项的通知》（银监发［2009］113 号），进一步明确理财资金所投信贷资产中不符合转移标准的，须纳入表内核算；信贷资产类理财业务须满足资本充足率、拨备覆盖率等监管要求；单一的、有明确到期日的信贷资产类理财产品要避免期限错配。

2010 年 12 月，银监会印发了《关于进一步规范银行业金融机构信贷资产转让业务的通知》(银监发［2010］102 号)，明确理财资金不得直接购买信贷资产，银行理财资金投资信贷资产被叫停。

（二）银信理财合作

银行理财产品投资于信托计划的银信理财合作模式很早就出现了。2008 年，中国银监会出台了《银行与信托公司业务合作指引》（银监发［2008］83 号)，对银信理财合作模式进行规范，但早期的银信理财合作模式规模并不大。2009 年以后，银信理财合作模式逐渐流行，业务规模快速扩张，成为推动银行理财产品业务发展的主力之一。此时的银信合作模式，由信托计划发挥通道功能，上游链接银行理财产品资金，下游链接银行提供的信贷资产，信托公司处于被动地位，仅收取通道手续费。通过信托计划通道功能，银行实现了表内信贷向表外银信合作模式的转变，逃避监管部门对表内信贷的限制。在此背景下，2009 年 12 月，中国银监会印发了《关于进一步规范银信合作有关事项的通知》（银监发［2009］111 号)，其中的重点便是强调银信合作中信托公司要坚持自主管理，包括开展尽职调查、履行资产管理职能、书面通知债务人资产转让事宜、接受原始权利证明文件、抵押品权属让渡等。同时，明确银信合作不得投资于理财产品发行银行自身的信贷资产或票据资产。

2010 年 8 月，监管进一步加码，中国银监会印发了《关于规范银信理财合作业务有关事项的通知》(银监发［2010］72 号)。主要包括：一是银信理财合作中，信托公司不得开展通道类业务，信托产品不得低于一年，其中融资类银信理财合作业务余额占比不超过 30% 且不得为开放式；二是要求在 2011 年年底前，银行将银信理财合作表外资产转入表内，计提拨备和资本。随后，2011 年 1 月，中国银监会印发了《关于进一步规范银信理财合作业务的通知》（银监发［2011］7 号），要求银行制订计划，稳步推进银信理财合作业务表外资产转入表内。同时，若银行没有实现转表的银信理财合作，信托公司则要以 10.5% 的比例计提风险资本。监管加强使传统银信理财合作渠道受阻，在此情况下，信托受（收）益权转让业务被用来实现银行信贷资产出表的目的。

（三）证券公司和基金公司的加入

银信理财合作模式的快速扩张激起了证券公司、基金管理公司等其他金融机构的参与愿望。2012 年，中国证监会修订并印发了《证券公司客户资产管理业务管理办法》（证券会令 2012 年第 87 号）和《基金管理公司特定客户资产管理业务试点办法》（证监会令 2012 年第 83 号），放松了证券公司资产管理业务管制，允许基金管理公司通过专门子公司开展专项资产管理业务。继信托公司之后，证券公司和基金管理公司也成为银行理财产品通道业务的重要参与者，出现了银证合作模式和银基合作模式。

虽然 2014 年以来，政策上逐渐加强了资产管理业务监管，但此时银行、信托公司、证券公司、基金管理公司等金融机构资产管理业务创新已经形成趋势，金融机构资产管理部门人员大幅增加，资产管理业务规避监管的能力大幅提高。此时，非银行金融机构已经不仅仅局限于为银行信贷业务出表提供通道，而是开始从事更为复杂的、形式更加多样的资金运作。在新型资产管理业务合作中，金融机构间存在大量业务交叉，从资金来源方至资金最终使用方之间资金链条过长，业务环节过多，同时，不同类型机构对资产管理产品存在或明或暗的担保责任。以起始于2015年的宝能万科事件为例，浙商宝能产业投资合伙企业的资金流入深圳市钜盛华股份有限公司和前海人寿，用于购买万科股票。浙商宝能产业投资合伙企业注册资金为200亿元，其中132.9亿元来自有限合伙人华福浙商定向资产管理计划，此计划为华福证券公司的通道业务。浙商银行理财产品资金通过五矿信托的通道业务进入浙银资本管理有限公司后，购买了华福证券公司定向资产管理计划。在整个链条中，银行理财产品经过信托公司和证券公司两个通道，最终投资了上市公司股票。

（四）业务规模保持快速扩张

2017年年末，我国银行、信托、证券、基金（包括私募）、期货、保险、网络借贷等行业资产管理业务管理资金余额简单加总后约为113.73万亿元（不排除业务交叉导致的重复计算），已经达到银行、证券、保险行业金融机构总资产的41.3%，资产管理业务已经成为我国金融领域不容忽视的一股力量。纵向来看，2014年年末，我国资产管理业务资金余额为50.3万亿元，2015年年末和2016年年末的同比增速分别为57.1%和32.2%，至2016年年末达104.47万亿元，两年时间翻了一倍多。银行、证券、保险行业等金融机构总资产比值也由2014年年末的27%提高到2016年年末的41.3%，提高了14.3个百分点。

2017年以来，受监管趋严影响，资产管理业务快速扩张势头得到遏制，年末同比增速回落到8.9%，比2016年年末增速下降23.3个百分点，与银行、证券、保险行业金融机构总资产8.7%的增速相差不大，与银行、证券、保险行业金融机构总资产比值为41.3%，与2016年年末持平。分类来看，2017

年年末，资产管理业务管理资金规模从大到小依次为：银行理财产品存续余额 29.54 万亿元，信托公司信托资产余额 26.25 万亿元，证券公司资产管理业务规模 16.88 万亿元，基金管理公司及其子公司专户业务规模 13.74 万亿元，基金管理公司管理公募基金规模 11.6 万亿元，私募基金管理机构资产管理规模 11.1 万亿元，保险资产管理公司投资计划备案规模 1.91 万亿元（2017 年第三季度末数据），保险机构企业年金等投资管理资产余额 1.24 万亿元，网络借贷待还余额 1.22 万亿元，期货公司资产管理业务规模 0.25 万亿元。2017 年以来，管理资金规模出现下降的资产管理业务为：基金管理公司及其子公司专户业务规模减少 3.15 万亿元，证券公司资产管理业务规模减少 0.69 万亿元，期货公司资产管理业务规模减少 0.02 万亿元。2017 年以来，管理资金规模增长依然较快的资产管理业务为：信托公司信托资产余额增加 6.03 万亿元，私募基金管理机构资产管理业务规模增加 3.21 万亿元，基金管理公司管理公募基金规模增加 2.44 万亿元。

（五）同业业务占比较大

从银行理财产品来看，2017 年年末，资金来源中金融同业类产品存续余额为 3.25 万亿元，占比为 11%，资金运用中现金及银行存款占比为 13.9%，拆放同业及买入返售占比超过 9%，同业存单占比为 3% 左右，同时占比为 42.2% 的债权投资中也有相当规模投资于政策性金融债和商业性金融债。从信托公司来看，2017 年年末，资金来源中单一资金信托余额为 12 万亿元，占比为 45.7%，银信合作方式余额为 6.17 万亿元，占全部信托资产余额的 23.5%。从证券公司来看，2017 年年末，定向资管计划规模为 14.39 万亿元，占全部资产管理业务的 85.2%。从基金公司及其子公司来看，一对一产品规模为10.31万亿元，占全部专户业务的75.1%。

（六）银行是资金主要来源方

在我国资产管理业务中，银行理财产品、信托计划、证券公司资产管理业务、基金管理公司及其子公司专户业务、公募基金、私募基金六类是主体，管理资金规模都在10万亿元以上，其余各类业务规模均在2万亿元以下。信托计划、证券公司资产管理业务、基金管理公司及其子公司专户业务，大量与银行开展合作，投资于非标准化债权类资产，是最主要的通道类业务。公募基金和私募基金则大量承接银行的委外业务，投资于标准化资产，尤其是债券资产。总之，上述六类主要业务中，银行理财产品是资金的主要供给方，其余五类业务则大量主动或被动地充当了资金承接方。

从银行理财产品的资金来源来看，2017年年末，一般个人类产品存续余额为14.6万亿元，占比为49.4%；高资产净值类产品存续余额为2.91万亿元，占比为9.9%；机构专属类产品存续余额为6.5万亿元，占比为22%；合计占比为81.3%。上述三类银行理财产品资金是银行利用丰富的客户渠道吸收来的，其中很大一部分原本是银行的个人和企业存款。除此之外，银行还利用自有资金参与资产管理行业运作。2017年年末，银行对其他金融机构的债权余额为28.06万亿元，而2014年年末仅为11.16万亿元，三年间增长151.4%。

（七）资产管理业务资源投入大

面对资产管理行业的兴起和大资管时代的来临，各类金融机构纷纷设立专门部门或子公司来从事资产管理业务，处理更为复杂的交易环节。从银行机构来看，分支行纷纷成立理财中心负责理财产品的营销工作，银行总行则纷纷成立投资管理部负责理财产品设计、集中管理、项目对接等工作，较为积极的银行则成立了专门子公司负责银行理财产品业务，理财中心业务和资产管理业务已经成为与信贷业务同等重要的工作。2017 年年末，我国共有 562 家银行具有存续的理财产品，理财产品数量为 9.35 万只。从非银行金融机构来看，2017 年年末，证券公司存续的资产管理计划共 2.27 万只，基金管理公司存续的专户业务产品共 0.64 万只，基金子公司存续的专项业务产品共 1 万只。目前大量开展的资产管理业务占用了金融机构包括人力资源在内的大量资源，对传统金融业务等形成了挤出效应。

随着资产管理业务链条的形成和完善，非金融机构也纷纷涉足其中，目前参与的深度和广度已经非常高，甚至与金融机构的资产管理业务之间的界限也已经变得模糊。主要形式包括：一是网络借贷平台。个人网络借贷平台（P2P 网络借贷平台）线上募集资金、线下找项目，网络小贷公司线上推销消费贷款、线下找资金。2017 年年末，网络借贷平台数量为 5 970 家。二是线下财富公司。这类公司的业务类似于银行和证券公司的私人银行业务，几乎没有受到金融特殊监管，注册数量很难统计。三是区域性金融资产交易所的资产管理业务。金交所的理财产品大量通过线上进行代理销售，借助自身平台优势投资相关项目。目前我国通过地方金融办批准成立的区域性金融资产交易所有 30 家左右。通过上述方式，大量非金融机构纷纷涉足类金融业务，形成实体经济的脱实向虚，对实体经济造成了挤出效应。

三、资产管理业务的本质和积极意义

（一）资产管理业务的本质

资产管理业务是机构受投资者委托，对其财产进行投资管理。资产管理业务的本质是代客理财，也就是受人之托，代人理财。资产管理产品的购买者要承担投资风险，并同时获得投资收益，资产管理机构并不承担投资风险，同时仅能获得管理费用。如果理财产品采用分级设计，资产管理机构自身购买了劣后级，那么资产管理机构也仅是以购买劣后级额度为限承担损失。也就是说，投资风险和投资收益是对等的，是需要由同一主体承担的。资产管理机构的资产管理业务和自营业务存在着本质区别，资产管理业务既不能占用机构的资金，不能进入机构的资产负债表，也不能使用机构的信用。以银行理财产品业务为例，理财产品资金与存款不同，不能进入银行的资产负债表，理财产品也与承兑汇票、信用证、保函等表外业务不同，不占用银行信用，正因为如此，在银行资本充足率管理中，理财产品既没有表内资产风险权重，也没有表外项目信用转换系数。

（二）有利于培育壮大股票市场机构投资者

历史上，我国股票市场长期以个人投资者为主，2006 年年末，A 股个人投资者持股市值比例高达 70%，其中绝大部分为散户投资者持有。散户投资者的特点是持股期限短，交易频繁，换手率非常高。同时，散户投资者对价格波动更加敏感，在股票价格高涨时会大量涌入，在股票价格下滑时会恐慌性离开，缺乏价值投资的理念。我国以散户为主的股票市场表现为短线操作盛行，缺乏长期投资，股票市场价格容易大起大落，稳定性较差。培育专业机构投资者是提高我国股票市场稳定性的重要举措，资产管理行业正是股票市场专业投资者的来源。近年来，随着我国资产管理行业的快速发展，专注于股票市场的各类产品也不断增多，资金规模不断扩大。2016 年年末 A 股境内专业机构投资者持股市值比例约为 16%，与此同时，个人投资者占比下降至 40% 左右。分类来看，公募基金是我国机构投资者的最初主体，2006 年年末持股市值占全部机构投资者的比例在 85%。随着资产管理行业发展，其他类型产品不断涌现，2016 年年末公募基金占比已经降至 1/3 左右。其他类型产品中，私募基金发展最为迅猛，2016 年年末持股市值占比达到 28%，而 2006 年的占比还不足 1%。

（三）有利于提高股权融资占比

多年来，我国金融体系都是以间接融资为主，直接融资，尤其是股权融资严重不足，直到 2017 年年末，贷款余额仍然占全部社会融资规模余额的 69.5%，非金融企业境内股票融资余额占比仅为 3.8%。企业以间接融资为主的最突出问题是企业负债经营，杠杆率过高，财务成本过高，抵御风险能力不足。提高股权融资比例，降低企业杠杆率，一直是我国经济政策领域的关注重点。资产管理业务至少从两个方面有利于提高企业股权融资比例。一是增强股票市场融资能力。股票市场融资能力提高是个系统工程，从资金来源方面来看，发展机构投资者是重要一环。发展机构投资者有利于引导社会资金更多地流入股票市场，为股票市场融资提供充足的资金保障。同时，机构投资者更容易持有长期投资理念，可以提高股票市场的稳定性，有利于股票市场融资活动的开展。二是促进直接股权投资业务发展。目前，我国资产管理行业存在多种类型的直接股权投资业务，包括证券公司直投子公司的直投基金，私募基金管理机构的股权投资基金和创业投资基金等。2017 年年末，三者的数量分别达到 714 只、21 826 只和 4 372 只，管理资金规模分别达到 3 690.79 亿元、59 586.19 亿元和 5 607.97 亿元，不仅具有较大规模，而且一直保持着较快的发展速度。

（四）有利于促进债券市场发展

近年来，我国资产管理行业管理资金的规模快速增长，对资金配置的要求不断提高。债券是重要的基础性金融产品，具有较为稳定的收益和较好的流动性，成为资产管理机构金融产品配置的重点。资产管理机构在我国债券市场中的重要性也不断突出，从中央国债登记结算公司银行间债券市场托管情况来看，2017 年年末，资产管理计划等非法人机构持有债券面额为 8.95 万亿元，占比为 18.5%，比 2016 年年末提高 0.9 个百分点。从上海清算所主要债券托管情况来看，2017 年年末，资产管理计划等非法人产品持有债券面额 7.68 万亿元，占比为 56.6%，比 2016 年年末提高 8.5 个百分点。从资产管理机构的情况来看，债券已经成为重要的投资标的，尤其对于主动管理的资产管理产品和投资标准化金融产品的资产管理产品，债券投资占有主要的份额。2016 年年末，证券公司集合计划的债券投资 1.39 万亿元，占资产管理规模的 63.2%，定向业务的债券投资 3.52 万亿元，占资产管理规模的 24%，基金公司专户产品的债券投资规模为 3.86 万亿元，占全部管理资产规模的 63.7%。

资产管理产品的介入为债券市场带来了大量流动性，极大地活跃了债券市场，其中企业类债券获益良多。具体来看，我国银行自有资金更多地持有国债、政策性金融债等利率债，以及普通商业银行债等信用等级较高的信用债，企业类债券投资占比不高。公募基金和私募基金向个人和企业募集资金的能力有限，用于投资于债券市场的资金规模更小。资产管理业务的出现和发展使资金通过银行理财产品和银行自身等渠道大量流入资产管理机构，开展委外投资，资金规模远大于公募基金和私募基金依靠自身募集资金的规模。同时，与银行自营业务相比，资产管理产品风险承受能力更强，可以投资于风险相对较高的信用债产品，使企业类债券找到合适的资金对接。目前，资产管理产品已经成为部分企业类债券的最大持有者，2017 年年末，资产管理计划等非法人产品持有的超短期融资券、短期融资券、中期票据分别为 0.77 万亿元、0.32 万亿元和 2.97 万亿元，占债券存量的比例分别达到 68.7%、82.7%和 70.7%。

（五）有利于居民资产配置多元化

随着我国经济的快速发展和居民收入水平的持续提高，居民财富也在迅速累积。然而，长期以来，居民资产配置渠道狭窄问题一直得不到解决，由此带来的问题是大量居民资金存放于银行存款，巩固了银行在金融体系的主导地位，使间接融资占比持续无法有效降低。另一个更为严重的问题是随着高净值人群的不断扩大，在选择不到适合投资品的情况下，大量资金涌入房地产领域，造成我国房地产价格节节攀升，风险不断累积，大量行政资源耗费在房地产调控领域。我国居民资产配置渠道狭窄并不是因为没有可投资的资产，而是因为提供相关服务的中介机构发展不充分。资产管理行业正是充当了投资者与资产之间的中介，发展资产管理行业正是用来解决中介服务不足的问题。同时，也正是居民资产配置多元化需求这一强劲的动力，促成了我国资产管理行业的快速发展。以普通个人投资者为主的银行理财产品，一般个人客户类产品存续余额在 2013 年年末为 6.57 万亿元，2017 年年末则达到了 14.6 万亿元。以高净值个人投资者为主的私募基金，在 2014 年年末管理资产规模仅为 1.49 万亿元，2017 年年末则达到了 11.1 万亿元。

四、存在的问题

资产管理行业在快速发展的同时，也出现了部分业务偏离其代客理财本质，从事原本由其他金融机构开展的业务，或者还未放开的金融业务的问题，主要是银行理财变相开展信贷业务、变相开展存款业务。在我国目前的金融监管框架下，监管部门还没办法对这类业务进行有效监管，从而形成了监管套利。资产管理行业的弱监管使金融风险问题开始逐渐暴露，并对宏观调控产生了负面影响。

（一）银行理财变相开展信贷业务

2013 年 3 月，银监会印发了《关于规范商业银行理财业务投资运作有关问题的通知》（银监发［2013］8 号），提出了非标准化债权资产（以下简称非标资产）的概念，是指未在银行间市场及证券交易所市场交易的债权性资产，具体包括了信贷资产、信托贷款、委托债权、承兑汇票、信用证、应收账款、各类受（收）益权、带回购条款的股权性融资等。从现实情况来看，监管重点关注的非标业务更多表现为：资金主要来自银行理财产品，证券公司资产管理计划、基金子公司专户产品、信托公司信托受（收）益权作为通道，资金最终投向信贷类资产，也就是银行理财借道通道开展非标业务。

这里有必要对非标业务和通道业务做一个辨析。首先，非标业务并非是银行独有的，也并非全部都是政策所限制的。一个典型例子是信托贷款：信托公司的资金信托也是资产管理业务的一种，信托公司利用资金信托发放贷款，被称为信托贷款。首先，按照信托业协会的统计，2017 年年末，信托贷款余额为 8.38 万亿元，占资金信托余额的 38.2%。其次，通道业务的范围非常宽泛，只要是委托人负责决策并实际承担风险，受托人仅负责执行指令并收取管理费用的，受托人都是充当了委托人的通道。金融机构之间，甚至是非金融企业之间都存在大量通道业务。目前，监管层面关注的是具有影子银行特征的一类通道业务。最后总结来看，非标业务和通道业务并不存在一者包含另一者的关系，同时，两者之间存在交集。目前情况显示，银行理财借道通道开展非标业务是这个交集的主要部分，但并不能排除未来这个交集中会出现新的业务。

银行理财借道通道开展非标业务，本质上与银行信贷业务并没有太多区别，银行开展此类业务的动力更多是为了规避监管部门对信贷业务的一系列监管要求，包括计提贷款损失拨备、满足贷款充足率、参与宏观审慎评估、信贷投向要求等。正是因为存在巨大的监管套利空间，近年来银行理财借道通道开展非标业务才获得了迅速发展。根据银行业理财登记托管中心的披露，2017 年年末，银行理财产品资金投资非标资产占比 16.22%，以 2017 年年末理财产品存续余额 29.54 万亿元为基础（与理财产品投资资产余额存在少许偏差），非标业务规模为 4.8 万亿元。

但以上方法会存在一定偏差，为此再从证券公司、基金子公司、信托公司的角度进行估算。根据证券投资基金业协会的披露，2016 年年末，证券公司通道业务规模为 12.39 万亿元（定向资管计划中的通道业务），按投资类别分，其中属于非标业务的规模为7.09万亿元。2016年年末，基金子公司专户业务规模为10.5万亿元，其中属于非标业务的规模为8.87万亿元，属于通道业务的规模为7.47万亿元，但并没有披露两者的交集。假设没有投向非标资产的业务与非通道业务之间没有交集，那么非标业务和通道业务的交集为5.84万亿元，这是两者交集的最保守估计。信托公司相关业务规模很难估算，我们采取保守方式，假设相关业务全部为机构间交叉业务，不参与加总。由此得到银行非标业务规模的估算值为12.93万亿元，虽然仍无法排除机构间业务交叉的影响，也无法保证所有资金都来自银行，但整个估算过程都采用了最保守方式，所以此估算值高估的幅度也不会很大。综上所述，银行理财借道通道开展非标业务的规模，下限为4.8万亿元，上限为12.93万亿元左右，通过对上述测算过程的分析，10万亿元左右应该是比较合理的测算结果。

影子银行是2008年全球金融危机后提出的概念，被认为对危机的爆发和传播起到了非常重要的作用。金融稳定理事会（Financial Stability Board）对影子银行的定义是正规银行体系之外的信用中介机构和活动①。虽然这一定义比较宽泛，但却指明了方向。从现实情况来看，影子银行是指那些从事于类似银行的业务，但却游离于银行监管体系之外的金融活动。

银行理财借道通道开展非标业务的影子银行特征非常明显。一是资金运用类似于银行信贷业务。此类非标业务的资金投向中本身就有信贷资产、信托贷款、委托贷款、承兑汇票、信用证等。同时，受（收）益权、带回购条款的股权性融资等其他投

① IMF. Shadow Banking: Scoping the Issues. A Background Note of the Financial Stability Board, April 2011.

向也带有明显的融资性质，开展此类业务更多是迫于监管压力，仅仅是变换了名目，最终还是发挥了信贷作用。二是没能实现风险转移。在此类非标业务中，信托公司、证券公司、基金管理子公司等非银行金融机构仅是作为通道参与其中，并不承担风险。业务中的信用风险、流动性风险，甚至是大量的操作风险最终都由银行承担。从负债端来看，我国银行理财产品的刚性兑付长期无法打破。综上所述，此类非标业务没能实现风险真正、完全地转移，其与银行表内存贷款业务的界限并不清晰。三是摆脱监管。虽然此类非标业务也受到了金融监管部门的约束，但与银行传统业务相比，面对的监管要少得多。银行表内表外业务普遍受到资本充足率监管，表内业务普遍要求针对信用风险计提拨备，但到目前为止，此类非标业务还没有纳入其中。四是信息披露不充分。银行理财产品是此类非标业务的主要资金来源方，此类非标业务对资金来源方的信息披露极其不充分。从现有银行理财产品发售说明书来看，只是笼统说明投向中包括证券公司资产管理计划、基金公司资产管理计划、信托计划等，投资比例通常为类似“0～80%”的表述。不仅如此，即使是监管部门也无法获得充分信息。此类非标业务涉及非银行金融机构充当通道，在我国目前分业监管格局下，监管部门无法对此类非标业务实施穿透式监管，金融监管出现大量盲区。

（二）银行理财变相开展存款业务

资产管理业务的代客理财本质，要求理财产品必须独立运营，边界清晰，不能开展资金池业务，不能存在刚性兑付，这也是资产管理业务与银行存款业务的本质区别。现实中，资产管理业务却普遍存在资金池和刚性兑付问题，变相开展银行存款业务。

银行理财产品的刚性兑付问题比较突出。银行理财产品的资金来源主要是个人和企业等银行传统客户，银行将存款立行的传统思维沿用到理财产品业务，普遍采用拉存款的方式来销售理财产品。我国长期的利率管制使公众普遍认同银行提供保本保收益的理财产品，银行自然而然地为理财产品提供了刚性兑付。由于单只银行理财产品的收益是不确定的，为了始终能够实现承诺的收益，银行或者将理财产品业务与存款业务混合操作，或者将不同理财产品业务混合操作，前者被监管部门限定在保本理财产品范围之内，后者就是构建资金池。刚性对付和资金池使理财产品与存款之间已经没有了本质差别。为了保证存款的高信用等级，监管部门提出了存款准备金等监管要求，银行为存款的高信用等级付出了相当高的成本，与之相比，理财产品却可以摆脱此类监管约束。正是因为存在巨大的监管套利空间，银行理财产品才具有如此大的吸引力，获得了快速发展。迫于银行理财产品的压力，信托公司信托计划和证券公司集合资管计划也倾向于提供刚性兑付。

承担高风险获得高回报是金融的本质，但刚性兑付使高回报不必承担高风险，不可避免地推高了全社会无风险收益率，这成为引发目前我国金融与实体经济发展不协调的原因之一。一是提高了实体企业融资成本。“融资难、融资贵”问题是全球金融危机以来我国面临的突出问题，虽然货币政策、监管政策、财政政策联合发力，但效果并不是特别显著。究其原因，除实体企业自身回报率下降等因素外，另一个重要因素是刚性兑付使金融机构负债成本居高不下，金融机构为企业提供资金的成本很难有效下降。二是引发实体企业脱实向虚。近年来，实体企业利润率下行明显，无风险收益率抬高进一步凸现了实体企业利润率偏低，企业专注实业的愿望下降，大量实体企业资金投资资产管理产品。

三是催生大量高风险业务。刚性兑付使产品同质化严重，收益率成为竞争焦点，这不仅体现在理财产品、信托计划、证券公司集合资管计划上，还通过委外业务传导到其他金融机构。由此导致了机构在债券市场上加杠杆、加久期、下沉信用等级、追逐资本利得，从而推高了债券市场整体风险水平。

（三）期限错配风险

银行理财产品的资金来源主要是1年期以内的短期产品，资金运用方面，非标资产作为主要的最终投向之一，期限大都在3~5年，两者之间存在较强的期限错配。目前，大部分银行理财产品，包括低风险等级的理财产品，都存在部分资金投向证券公司资产管理计划、基金公司及其子公司特定客户资产管理计划、信托计划等，都存在期限错配问题。银行为了弥补期限错配，常用的方法便是采用资金池，包括集合运作和滚动发行等方式。期限错配问题最直接的影响是流动性风险，缺少持续的资金供给，前期吸收的、已经到期的资金便无法顺利偿还。同时，如果是集合运作的资金池，还会增加流动性风险在不同理财产品之间传染，提升系统性风险。由于银行理财产品资金来源端刚性兑付问题的存在，期限错配风险无法转移给投资者，银行只能自己承担。在目前监管框架下，银行理财产品是按照代客理财的原则进行监管，并没有将其纳入资本充足率监管，银行也不必为信用风险提取相应的资产减值拨备。也就是说，银行在经营过程中，这部分期限错配风险几乎是游离在银行风险监管框架之外，银行并没有为这部分风险做适当的准备。

（四）业务交叉风险

我国目前逾百万亿元的资产管理业务的管理资金中，很大一部分来源于各类产品彼此之间的交易，也就是资产管理业务的嵌套现象。很难精确统计业务嵌套的具体规模，总体来看，银行理财产品和公募基金可以吸收大量个人和企业资金，信托公司集合资金信托和证券公司集合资管计划吸收个人和企业资金的能力有限，信托公司、证券公司、基金管理公司及其子公司的其他资产管理业务的资金来源则主要是金融同业。

虽然轧差之后，资产管理业务整体资金规模会大幅下降，但业务嵌套过程中，资金并不是简单地在机构之间传递，而是要经历期限转换、流动性转换、信用转换等，加之交易环节中存在的操作风险，最终，资产管理业务嵌套所形成的金融风险不容忽视。业务嵌套带来的资产规模膨胀使整个体系都感觉到了资金宽裕，但却导致金融机构产生对流动性的强烈依赖。其原因，一是金融部门之间的交易是建立在非金融部门回报率基础之上的，在目前非金融部门回报率普遍不高的情况下发展起来的大量金融交易面临着现金流不足的问题。为了维持金融交易，需要有新的流动性补充，以维持交易环节现金流的稳定。二是复杂的金融交易增加了金融体系的脆弱性，最终资产对应大量金融交易，小额违约事件可能导致大量相关交易的潜在违约，需要流动性来弥补。

目前金融机构对流动性的强烈依赖，为货币政策的执行和金融监管政策的实施带来了很大挑战。一是为了保证金融体系资金面和金融市场利率水平的稳定，货币政策不得不维持适度的流动性供给速度。但为了缓解资金在金融体系内部空转，遏制金融体系资金规模过度膨胀，货币政策需要对金融体系资金面进行必要的约束。这种两难的困境对未来货币政策提出了更高挑战。二是金融监管部门需要采取必要的措施，对过度复杂的金融产品和过度创新的金融业务进行约束，防止金融脆弱性的不断加强和潜在金融风险的累积。但面对金融机构业务上的交叉和金融产品资金上的联系，如何在保证风险可控的情况下对业务进行限制，这对金融监管政策的制定和实施提出了更高的挑战。

（五）金融体系规模过度膨胀

近年来，在资产管理业务的推动下，金融体系资金规模扩张速度远高于非金融企业资产扩张速度和社会融资规模增长速度，非金融企业单位资产和单位融资所支持的金融资产规模不断上升，从而形成了金融体系的过度膨胀。将银行、证券、保险行业的总资产，加上资产管理行业管理资金规模作为金融体系规模，2016 年末，共计 389.02 万亿元（不排除业务交叉导致的重复计算），同比增长 20.3%。与之相比，2016 年末，我国社会融资规模余额 155.99 万亿元，为金融体系规模的 43.6%，社会融资规模同比增长 12.9%，比金融体系规模增速低 7.4 个百分点。对比工业企业总资产来看，金融体系膨胀更为明显。2016 年年末，我国规模以上工业企业总资产为 106.83 万亿元，为金融体系规模的 29.9%，规上工业总资产同比增长 6.9%，比金融体系规模增速低 13.4 个百分点。

（六）使宏观调控有效性大打折扣

近年来，银行经营行为与信贷政策在地方政府项目和房地产等领域产生了矛盾。具体来看，出于宏观层面考虑，信贷政策限制信贷资金流入相关领域，但银行却认为，地方政府背书和土地抵押的债务风险较低，现有宏观调控政策使相关主体对利率敏感性下降，相关项目融资额度又很大，人员等投入相对较少，总体上利润非常丰厚，银行存在强烈地进入意愿。最终，银行理财借道通道开展非标业务成为银行摆脱信贷政策监管束缚的主要手段。针对地方政府项目和房地产的宏观调控是一个系统工程，其中控制资金流入是关键约束之一。银行理财借道通道开展非标业务使金融监管出现盲区，信贷政策约束力大幅弱化，针对地方政府债务和房地产的宏观调控政策的有效性大打折扣。证券投资基金业协会 2016 年年报显示，通道业务投向房地产、融资平台、基建的规模与投向工商企业的规模之比，基金子公司为 1.4:1，证券公司为 0.75:1。

支持实体经济发展，是我国宏观经济政策对金融业的定位，但资产管理业务支持实体经济发展并不充分。

首先，资产管理业务增加了中间环节，提高了企业融资成本。资金在金融机构之间流动，交易各个环节均需要分得一定的收益，支持整个金融交易链条收益的是最终融资方的实体企业，所以随着金融交易复杂性的提高，交易环节的增加，实体企业的融资成本必然会受到影响。以银行理财产品借助通道业务对接实体项目为例，涉及银行理财产品发售、总行理财产品资金池管理、非银行金融机构提供的通道业务、银行客户经理的项目营销等交易环节。从部分非银行金融机构资产管理业务收入情况来看，2016 年，证券公司、基金公司、基金子公司分别为 212.6 亿元、112 亿元、113.79 亿元，同比分别增长 16%、9.2%、10%。上述收入的来源比较广泛，有些是通道业务收入，有些是代客理财收益，但由于资产管理业务几乎不占用金融机构自身资金，所以上述收益完全来自于金融交易，最终还是归结为实体企业的融资成本。

其次，资产管理业务服务实体企业，尤其是小微企业的能力有限。从银行理财产品方面看，2016 年上半年末，通过配置债券、非标资产、权益类资产等方式投向企业的资金余额为 16.03 万亿元，占理财资金投资余额的 60.74%，其中投向政府类和房地产相关行业的占比较高。按投向行业分类，规模最大的五类分别是土木工程建筑业、房地产业、公共设施管理业、电力热力生产供应业和道路运输业，占比合计为51.54%。从证券公司、基金管理公司及其子公司相关业务方面看，2016年上半年末，证券公司定向资管计划和专项资管计划的单一产品平均规模分别为7.07亿元和9.89亿元，基金管理公司和基金管理公司子公司一对一业务单一产品平均规模分别为11.77亿元和9.41亿元。资产管理业务单一产品资金规模较大，而资金管理团队人数较少，使得这些业务很难投向小微企业。

第三，金融机构大量资源投入对其他业务产生挤出效应。金融体系内部的资金流动有其正当性和必然性，如实现资金在金融机构间的合理分配、提高金融市场活跃度等。但是，金融体系内部的资金流动并不能对实体经济产生直接作用，交易环节的增加提高了企业融资成本，金融机构将更多精力用于交易对其他业务和企业融资产生了挤出效应。从我国目前情况来看，金融体系内部的资金流动呈现过度化的倾向。近年来，金融机构逐渐意识到参与资金和项目对接的各个环节的有利可图，并以此为基础形成了一条资产管理产业链。与传统存贷款业务和上市保荐业务相比，资产管理业务涉及的交易环节更多，参与的金融机构更复杂，涉及的人员也更多。当资产管理业务对接实体项目时，由于资产管理业务交易环节和参与金融机构较多，所以更多针对融资规模较大的项目，金融服务辐射范围有限。同时，还有大量资产管理业务并不直接对接实体项目，而是进行债券投资、股票投资、衍生品投资、另类资产投资、境外投资等，从而金融服务实体经济的渠道更加曲折。总体而言，从单位资金和单位金融从业人员服务实体企业数量来看，资产管理业务的辐射范围并不高。

五、业务扩张的原因分析

近年来，我国资产管理业务规模之所以出现快速扩张，总结起来就是外部有需求、内部有动力、政策有漏洞。外部需求包括政府项目、房地产、无法通过信贷渠道获得资金的实体企业等；内部动力则来自于银行摆脱信贷束缚的愿望、非银机构追求利润的冲动，各类金融机构资产管理业务监管规则的不统一，这些都为业务的快速发展提供了机会。

（一）地方政府强烈的融资需求

近年来，地方政府债务规模扩张速度较快成为我国财政领域的突出问题。银行是地方政府负债资金的主要来源方，地方政府债务问题不可避免地牵连到金融领域，中国人民银行和银监会为配合财政部门工作，同时也为了维护金融稳定，对银行资金流向地方政府进行了限制。但我国地方政府具有强烈的举债愿望，银行也认为地方政府背书的债务风险较低。防控系统性风险的监管政策与微观主体的扩张行为之间形成很大矛盾，促使银行逃避金融监管，地方政府逃避财政约束，催生了大量以地方政府项目融资为目的，金融机构各类资产管理产品相互配合以逃避监管的融资业务。

地方政府融资平台一直是我国政府获得融资的主要途径，从历史来看，1997 年和 2008 年两次金融危机之后都是地方政府融资平台快速发展时期，主要原因是危机后保增长的压力促使政府增加投资，地方政府融资平台融资成为资金来源的主要渠道。从 2009 年开始逐步流行的银信理财合作模式，到 2012 年后逐步转向证券公司和基金管理公司充当银行通道，地方政府融资平台一直是资金的主要接收者。从审计署对地方政府全面审计结果来看，政府负有偿还责任、负有担保责任、可能承担一定救助责任三项债务总额，2010 年年底为 10.7 万亿元，2013 年 6 月末达到 17.89 万亿元，增长了 67.2%。

为此，国家开始加强地方政府债务管理。2014 年 8 月，我国对《预算法》进行了修改，2014 年 10 月，国务院印发了《关于加强地方政府性债务管理的意见》（国发［2014］43 号），标志着地方政府融资平台全面受限。地方政府融资平台受限并没有挡住地方政府举债冲动，也没有挡住资金流向资方政府项目。2015 年以来，随着政策大力推进政府和社会资本合作模式（简称 PPP 模式），产业投资基金开始大规模爆发，成为地方政府融资的新渠道。2016 年 12 月，发改委发布《政府出资产业投资基金管理暂行办法》（发改财金规［2016］2800 号），对政府出资的产业投资基金进行了规范，明确表示，不得从事名股实债等变相增加政府债务的行为，发改委负责对基金投向进行产业政策符合性审查。

（二）银行具有转移不良贷款的需求

近年来，银行不良贷款高企，2017 年年末不良贷款率为 1.74%，银行面临较大的处置不良贷款压力。从监管层面来看，银行面临拨备覆盖率和不良贷款率方面的考核压力，如果银行无法控制不良贷款规模，就需要提取大量当期利润来补充贷款损失的准备。目前，清收、起诉、拍卖抵押品等处置不良贷款的方式效率低、周期长，无法及时有效解决银行面临的困境。打包转让方式效率高。近年来，相关业务增长迅速，也相应地增加了银行和资产管理公司之间同业业务规模，但围绕不良贷款的金融体系内部交易远没有结束，资产管理公司会与其他非银行金融机构进行不良资产交易，更重要的是目前不良资产打包转让价格远低于银行的评估价格，银行也期望随着经济好转不良资产价值能够得以回升，所以银行还会与非银行机构预先达成协议，对转让的不良资产进行回购。金融体系内部，围绕不良资产的交易异常活跃，涉及资金规模庞大。

（三）银行信贷业务存在强烈出表需求

信贷业务是银行收入的主要源泉，也是银行监管的主要领域，包括对资本充足率、早期的存贷比、计提拨备等方面进行约束。同时，虽然1997年12月人民银行印发了《关于改进国有商业银行贷款规模管理的通知》（银发［1997］560号），决定从1998年1月1日起取消对商业银行贷款增加量的指令性计划，改为指导性计划，但受历史影响，中国人民银行对商业银行信贷规模进行窗口指导的货币政策至今仍发挥作用，只是根据经济金融环境的不同存在松紧方面的差别。政策上对信贷业务的严格监管，限制了银行资金的充分利用，降低了银行的盈利水平，因此，银行存在强烈的绕开监管的冲动。

（四）非银业务发展突飞猛进

银行理财非标业务的发展对非银行金融机构的通道功能产生了巨大的需求。最初承担通道功能的是信托公司的信托计划，随后其他非银行金融机构纷纷加入，包括证券公司资产管理计划、基金管理公司及其子公司特定客户资产管理计划、保险公司资产管理计划、期货公司资产管理计划、私募基金等。因此，非银行金融机构资产管理业务快速发展起来，各类金融机构也开始设置单独部门专门从事资产管理业务，人员配置也相应增加。随着非银行金融机构资产管理业务运作实力的增强，便不满足于仅为银行充当通道，开始主动选择项目和寻找资金，在业务链条中更多发挥主动作用。资产管理业务链条所汇集的机构越来越多，从资金到项目分成多个层次，包括普通合伙资金和有限合伙资金等形成的股权投资，贷款和其他债权等构成的债权投资，同时各层次又涉及各类担保主体。资产管理业务链条中还需要设立新的公司、合伙企业、特殊目的载体等，用来明确金融机构各自权利和责任。更为重要的是以非银行金融机构为核心的资产管理业务中，不以满足企业资金需求为目的的业务开始出现，包括投资股票市场等，例如2015年的宝能万科事件。

（五）资产管理行业监管规则不统一

目前，我国银行、信托公司、证券公司、基金管理公司、保险公司、期货公司、私募基金等均可以开展资产管理业务，虽然各类机构资产管理业务的性质相同，但监管规则却存在较大差异。为了保证整个资产管理业务链条的合规，各类机构开展了密切合作，从而形成了不同领域资产管理业务的政策垄断，为各类机构资产管理业务的存在创造了空间。目前，资产管理业务链条中很大一部分交易是为了规避现有的监管规则，从而增加了资产管理业务链条的复杂性，也相应地增加了交易环节和资金流动规模。

六、未来发展

（一）统一监管规则

目前，虽然各类资产管理业务本质上是相同的，但在我国以机构监管为主的金融分业监管格局下，资产管理业务缺少统一制度设计和发展规划，管理制度碎片化，管理方式行政化，基础设施建设滞后，严重影响了资产管理行业的健康发展。首先，不公平竞争、制度套利、规避监管等问题普遍存在，从客户需求角度出发的产品创新不足。其次，无法建立统一的登记、清算、结算等基础设施体系，监管部门无法全面掌握资产管理业务信息，为政策制定和风险防范带来诸多困难。再次，资产管理行业法律不统一，司法实践领域存在诸多难题，一方面使投资者权益无法得到有效保护，另一方面也导致资产管理机构目前的刚性兑付，加剧了整个资产管理行业的畸形发展。

2016 年下半年开始，金融风险问题逐渐引起了政策层面的高度重视，2016 年 12 月的中央经济工作会议明确指出，要把防控金融风险放到更加重要的位置，下决心处置一批风险点，着力防控资产泡沫，提高和改进监管能力，确保不发生系统性金融风险。2017 年 10 月，党的十九大将防范化解重大风险作为全面建成小康社会决胜期的三大攻坚战之一，2017 年 12 月，中央经济工作会议进一步指出，打好防范化解重大风险攻坚战，重点是防控金融风险，要服务于供给侧结构性改革这条主线，促进形成金融和实体经济、金融和房地产、金融体系内部的良性循环，做好重点领域风险防范和处置，坚决打击违法违规金融活动，加强薄弱环节监管制度建设。

2017 年以来，中国人民银行和金融监管部门出台了一系列加强风险防控的政策措施，取得了积极效果。但是，我国目前实行银行、证券、保险分业监管模式，面对各类机构资产管理业务大量交叉，无法实施跨部门监管，无法实施穿透监管，监管协调不足，现有监管模式显得力不从心。因此，形成资产管理行业统一监管规则得到普遍认可，统一监管制度制定进程加快。2017 年 11 月 17 日，中国人民银行就《关于规范金融机构资产管理业务的指导意见（征求意见稿）》正式向社会公开征求意见，2018年4月27日，中国人民银行、银保监会、证监会、外汇局联合印发了《关于规范金融机构资产管理业务的指导意见》（银发［2018］106号）。此指导意见的内容非常丰富，其核心可以总结为如下三点：一是明确定义和分类。资产管理业务是指银行、信托、证券、基金、期货、保险资产管理机构、金融资产投资公司等金融机构接受投资者委托，对受托的投资者财产进行投资和管理的金融服务。资产管理产品从募集方式上分为公募和私募，开放式和封闭式；从投资性质上分为固定收益类、权益类、商品及金融衍生品类和混合类；资产管理产品的投资者分为不特定社会公众和合格投资者。资管管理业务的定义和分类成为制订后续制度的基础。二是统一监管标准，包括投资范围、杠杆率、风险准备金计提、信息披露等。三是突出监管重点，包括从严监管非标准化债权类资产投资、消除多层嵌套、打破刚性兑付、禁止资金池等。除此之外，指导意见还在宏观审慎管理、非金融机构资产管理业务监管、资产管理产品综合统计等方面做出了制度规定。

（二）金融监管下非标业务的未来

未来，监管政策将对非标业务产生较大影响。从银行角度来看，非标业务是理财产品相对于公募基金等竞争优势的重要来源，也是银行理财产品业务收入的重要支持。长期限的非标资产可以提供较高的收益率，不仅可以为短期限刚性兑付的理财产品提供可观的回报率，还可以为银行留存较大的利润空间。对于充当通道功能的非银行金融机构，通道业务准入门槛低、资本占用少、几乎不用承担风险、收入稳定、人员等其他投入也少，是非常理想的收入来源。即使是监管加强，金融机构还是会存在强烈地开展非标业务的冲动。从未来发展来看，非标业务的发展方向是过渡到标准化债权类资产投资，主要是资产证券化及类似业务，其中私募性质业务由于具有合规要求低、规模大的优势将会得到更多青睐。从目前我国市场来看，资产证券化业务包括银行业金融机构信贷资产证券化业务、证券基金公司资产证券化业务、银行间市场资产支持票据业务。同时，银行业信贷资产登记流转中心、中证机构间报价系统、北京金融资产交易所等经监管部门认可的交易场所也会有所作为。

（三）打破刚性兑付后的资产管理业务

未来，监管政策的另一个重大影响是打破刚性兑付，尤其是对资产管理产品实行净值化管理后，刚性兑付便很难再有空间。刚性兑付是银行理财产品的核心竞争优势之一，银行利用刚性兑付笼络了大量低风险偏好客户，客户也已经习惯了银行理财产品的刚性兑付，打破刚性兑付对银行理财产品的冲击最大。未来，银行要想继续保持理财产品的竞争优势，就要维护好现有低风险偏好的客户群体。在净值化管理的监管要求下，银行可以发行类似货币市场基金的产品，投资于自身擅长的货币市场领域，同时向银行主导的银行间债券市场延伸。对于证券公司，打破刚性兑付涉及集合资管计划和承接银行委外业务。未来，证券公司要进一步加强业务间的配合，发挥经纪业务和投行业务对资产管理业务的带动作用，更好地为高净值个人客户和企业客户开展资金管理。对于基金管理公司，打破刚性兑付是一个利好。基金管理公司已经有丰富的净值化管理经验，丰富证券投资经验，未来，在与银行和证券公司的竞争中具有先发优势。但短期来看，银行流入资金的减少将对基金管理公司造成一定冲击，同时，发售渠道狭窄是基金管理公司的一个主要短板，未来，基于互联网和手机的基金发售渠道，将是基金管理公司努力的重要方向。

（四）创新产品设计

在目前刚性兑付或准刚性兑付情况下，投资者选择资产管理产品比较容易，只要关注投资收益，同时选择适合的投资期限就可以了。打破刚性对付后，如何选择资产管理产品，将成为投资者面临的最突出问题。资产管理机构创新产品设计，提供能够被投资者接受的解决方案，将是获得竞争优势的关键。传统的公募基金在我国的发展并不顺利，其中很重要一个原因是股票基金、债券基金、混合基金都有各自的投资重点和投资风格，面对数量众多、品种多样的各类基金，普通公众相关知识相对有限，并不具有独立选择适合产品的能力。这一状况为中间层产品提供了市场空间。基金中基金（Funds of Funds，FOF）是投资于其他基金的基金，能够通过设置投资主题，更加贴合投资者的需求。养老领域是 FOF 一个比较典型的应用领域，FOF 可以根据投资者的年龄选择不同的投资领域，随着投资者临近退休年龄，FOF 会有更多配置低风险产品。2005 年，FOF 出现在我国私募投资领域，2010 年以来获得了较快发展，2017 年 9 月，6 只公募 FOF 获批，未来 FOF 具有比较广阔的发展空间。与之类似，管理人中管理人（Manager of Mangers，MOM）也是未来比较有吸引力的中间层产品。与 FOF 投资于其他基金不同，MOM 更加注重选择不同风格的基金经理，通过雇佣多个基金经理来实现投资组合。

（五）净值化管理的操作模式

净值化管理是打破刚性兑付的有力手段，也是银行理财产品未来面临的一个突出问题。当银行理财产品仅投资于标准化资产时，由于存在公开交易市场，容易得到公允价值，净值化管理很容易实现。当银行理财产品投资组合中包括非标资产时，情况比较复杂。如果理财产品不存在期限错配，并且是封闭型的，那么采用任何计算方法都不存在差别，银行也不存在操作困难。2018年4月的《关于规范金融机构资产管理业务的指导意见》也明确资产管理产品为封闭式，并且所投资产持有到期的，可以利用摊余成本法进行计量。如果理财产品存在期限错配，或者是开放型的，那么只要能够在资金来源端实现集合运作或滚动发行，或者在资金运用端通过多只产品为单一非标项目融资，就可以按照摊余成本法每日计提收益，对非标资产进行估值，平滑产品价值波动，银行操作起来也没有问题。当前面临的问题，是集合运作、滚动发行、多只产品为单一非标项目融资等资金池方式被限制后，存在期限错配和开放型产品便很难操作。未来，开放式资产管理产品投资标的将以标准化资产为主，而投资非标资产的资产管理产品将主要采用封闭式管理，并且会避免期限错配。

第八章 非标转标

非标业务，指金融机构资产管理产品资金投资于非标准化债权类资产，其中的通道业务透明度低、流动性差、规避监管，具有典型的影子银行特征。目前，资产管理业务的监管逐步趋严，此类非标业务成为关注的重点，政策在引导其向标准化债权类资产投资业务过渡，也就是“非标转标”。对于标准化债权类资产的认定，需要中国人民银行会同金融监督管理部门来制定。虽然我国目前已经存在大量由各类交易场所发行的债权类产品，但最终能够被认定为标准化债权类资产的会非常有限。从目前情况来看，与“非标转标”相关的，已经和有望被政策认可的标准化债权类资产包括四类，即银行间市场和交易所市场上发行的企业类债券，资产证券化产品，银行业信贷资产登记流转中心信贷资产流转业务相关产品，以及其他两个非公开发行债券品种。

一、企业类债券市场的发展历程

目前，我国企业类债券共有三类，分别是企业债、非金融企业债务融资工具、公司债。企业债由发改委主管，在交易所市场和银行间市场发行；非金融企业债务融资工具由中国人民银行主管，在银行间市场发行；公司债由证监会主管，在交易所市场发行。

企业债的历史较长。1984 年，出现了企业通过发行债券的方式，向企业内部或社会融资的行为，此时并没有相关政策进行规范。直到 1987 年 3 月，国务院印发了《企业债券管理暂行条例》，规定中国人民银行、计划、财政等部门进行额度控制，中国人民银行实行集中管理、分级审批。随后国家计委和中国人民银行联合印发的《关于发行企业债券实行额度审批办法的通知》（计财金［1989］1617 号），将编制发行计划、额度控制的职责赋予国家计委和中国人民银行。此后，我国企业债市场获得了快速发展，年度发行计划也由 1987 年的 75 亿元上升至 1992 年的 350 亿元。

1992 年 12 月，国务院印发了《关于进一步加强证券市场宏观管理的通知》（国发［1992］68 号），企业债市场的职能分工为：国务院证券委员会进行统一宏观管理，国家计委编制计划，中央企业债券由中国人民银行和国家计委审批，地方企业债券由省级政府审批。随着 1992 年以后的经济过热，乱集资问题逐渐突出，许多企业债发行利率高、数额大，严重挤压了国债发行。同时，企业债不能按期兑付问题也非常突出。1993 年 4 月，国务院印发了《关于坚决制止乱集资和加强债券发行管理的通知》，1993 年 8 月，国务院修订后重新印发了《企业债券管理条例》（国务院令 1993 年第 121 号），其中规定企业债需要由证券经营机构承销，在经批准的场所转让。1993 年，大量企业债券融资回归银行贷款，企业债发行大幅下滑。直到 1996 年，企业债发行才得以恢复，1996 ~ 1998 年发行计划分别为 250 亿元、300 亿元和 380 亿元。

1999 年前后，中国人民银行逐步淡出企业债管理，2000 年起，国家计委以及后来的发改委成为企业债的主管部门，负责审核，并报国务院批准。2004 年 6 月，发改委印发了《关于进一步改进和加强企业债券管理工作的通知》（发改财金［2004］1134 号），更新了企业债发行审批、资金用途、担保条件、中介机构、信息披露等管理制度。此时的企业债主要是为国家大中型项目筹集资金，对发行人的要求较高，申报发行额度普遍在 10 亿元以上，每年发行数量很少。此后，企业债市场发展速度并不快，2000 年发行 10 只，共 85.3 亿元，至 2008 年也仅有 57 只，共 1 566.9 亿元。2008 年 1 月，发改委印发了《关于推进企业债券市场发展、简化发行核准程序有关事项的通知》（发改财金［2008］7 号），将先核定规模、后核准发行的审批程序简化为直接核准发行一步，发改委受理发债申请后，符合条件且材料齐全的直接予以核准。此后，企业债市场获得了快速发展，2009 年便发行了 163 只，共 3 252.33 亿元。

非金融企业债务融资工具的出现要比企业债晚很多。1996 年，随着股票市场繁荣，大量银行资金流入股市，与此同时，银行资产质量和经营管理等方面却问题重重，不良贷款率奇高。银行间债券市场正是在此时情况下成立的，承担起隔离银行与股市的重任。1997 年 6 月，中国人民银行印发了《关于各商业银行停止在证券交易所证券回购及现券交易的通知》（银发［1997］

240 号），要求银行彻底切断交易所证券业务，将交易所托管的证券转至 1996 年成立的中央国债登记结算公司托管，在 1996 年成立的全国统一同业拆借网络进行统一交易。2005 年，中国人民银行印发了《短期融资券管理办法》（中国人民银行令 2005 年第 2 号），在证券公司短期融资券的基础上，允许非金融企业在银行间债券市场发行短期融资券，成为我国非金融企业债务融资工具的开端。

2007 年 9 月，中国银行间市场交易商协会成立，旨在充分发挥市场主体作用，利用行业协会加强市场自律管理，通过市场化运作推动银行间债券市场发展。2008 年 4 月，中国人民银行印发了《银行间债券市场非金融企业债务融资工具管理办法》（中国人民银行令 2008 年第 1 号），非金融企业债务融资工具业务框架形成，包括在银行间市场交易商协会注册，在中央国债登记结算公司托管结算，在全国银行间同业拆借中心交易等。随后，银行间债券市场先后推出了中期票据、超短期融资券、非公开定向债务融资工具、区域集优中小企业集合票据等非金融企业债务融资工具。非金融企业债务融资工具所在的银行间债券市场属于场外市场，比较适合银行之间的大额交易，同时，非金融企业债务融资工具的发行取消了审批，采取备案形式，发行环节得以简化，所以业务发展很快。至 2009 年，年度发行总额已经过万亿元，达到 11 524.7 亿元，共发行 439 只，远超企业债发行规模。

公司债的出现更晚一些。2007 年 8 月，证监会印发了《公司债券发行试点办法》（证监会令 2007 年第 49 号），标志着公司债的诞生。公司债的发行主体最初仅限于沪深交易所上市公司，以及境外上市的股份公司，范围过于狭窄，导致公司债市场并不活跃。直到 2011 年，年度发行规模仅为 1 291.2 亿元，共

72只。2012年以来，公司债市场开始中小企业私募债试点，对象是未上市的中小微企业，实行备案制。中小企业私募债对推动公司债市场发展起到了积极作用，年度发行债券数量增长很快，但由于单只债券发行规模有限，总体来看，公司债市场规模仍然有限。公司债市场真正的发展契机来自2015年1月证监会印发的《公司债券发行与交易管理办法》（证监会令2015年第113号），最大特点是取消了发行主体为上市公司的限制。2015年，公司债发行总额突破1万亿元，2016年更是达到2.77万亿元。

二、资产证券化的发展历程

2004年1月，国务院印发了《关于推进资本市场改革开放和稳定发展的若干意见》（国发［2004］3号），提出了加大风险较低的固定收益类证券产品的开发力度，为投资者提供储蓄替代型证券投资品种，积极探索并开发资产证券化品种。2004年10月，证监会印发了《关于证券公司开展资产证券化业务试点有关问题的通知》，2005年4月，中国人民银行和银监会联合印发了《信贷资产证券化试点管理办法》（中国人民银行公告2005年第7号）。2005年8月，中国联通发行了CDMA网络租赁费收益计划，成为我国首只资产证券化产品。2005年12月，国家开发银行和中国建设银行分别发行了企业贷款资产支持证券和个人住房抵押贷款资产支持证券，成为首批信贷资产证券化产品。2005～2006年间，证监会主导的资产证券化业务共发行9只产品，基础资产涵盖租赁租金、基础设施收费、应收账款、BT项目回购款。2005～2008年间，中国人民银行和银监会主导的资产证券化业务共发行了17只产品，基础资产涵盖了企业贷款、不良贷款、个人住房抵押贷款、汽车贷款。2008 年全球金融危机爆发后，资产证券化业务受到一些质疑，出于防控风险的考虑，2009 年开始我国资产证券化业务试点工作暂停。

2011 年，经国务院同意，资产证券化试点重启。2011 年 8 月，证监会重启了资产证券化业务的审批工作，远东国际租赁发行了 12.79 亿元的租赁租金资产证券化产品。2012 年 5 月，中国人民银行、银监会、财政部联合印发了《关于进一步扩大信贷资产证券化试点有关事项的通知》（银发［2012］127 号），标志着信贷资产证券化业务的重启，并提出稳步扩大机构投资者范围，鼓励经批准的非银行机构参与。2012 年 9 月，国家开发银行发行了 101.66 亿元的企业贷款资产证券化产品。2012 年 8 月，银行间市场交易商协会印发了《银行间债券市场非金融企业资产支持票据指引》（中市协公告 2012 年第 14 号），上海浦东路桥、南京公用投资、宁波城建分别发行了 5 亿元、10 亿元、10 亿元的资产支持票据，标志了我国第三类资产证券化品种面世。2013 年 3 月，证监会印发了《证券公司资产证券化业务管理规定》（证监会公告 2013 年第 16 号），证监会资产证券化由试点升级为正式业务。

2013 年 7 月，国务院印发了《关于金融支持经济结构调整和转型升级的指导意见》（国办发［2013］67 号），要求逐步推进信贷资产证券化常规化发展。从当时背景来看，受经济增速换档期、结构调整阵痛期、前期刺激政策消化期叠加的影响，我国宏观经济面临较大压力，需要金融领域有所作为，资产证券化业务能够在发挥资本市场融资作用、盘活存量信贷、调整信贷结构、引导资金流向等方面发挥积极作用。2014 年 11 月，证监会印发了《证券公司及基金管理公司子公司资产证券化业务管理规定》（证监会公告 2014 年第 49 号），资产证券化业务范围扩大至基金管理公司子公司，明确资产证券化业务实行证券投资基金业协会备案制，同时配套下发了信息披露指引和尽职调查工作指引。2014 年 11 月，银监会印发《关于信贷资产证券化备案登记工作流程的通知》（银监办便函［2014］1092 号），银监会对信贷资产证券化业务由审批制改为备案制。2015 年 4 月，中国人民银行印发了《关于信贷资产支持证券发行管理有关事宜的公告》（中国人民银行公告 2015 年第 7 号），中国人民银行对信贷资产证券化业务由审批制改为注册备案制。至此，信贷资产证券化业务便利性也大幅提高。2014 年，资产证券化业务明显提速，2015 年更是进一步大幅增长。

2016 年 2 月，中国人民银行等八部委联合印发了《关于金融支持工业稳增长调结构增效益的若干意见》，提出审慎稳妥的前提下，选择少数符合条件的金融机构探索开展不良资产证券化试点，标志着不良贷款资产证券化业务的重启。在此之前，仅在 2006 年和 2008 年分别开展过两次不良贷款资产证券化业务，分别来自信达资产、东方资产和建行。2016 年 4 月，银行间市场交易商协会印发了《不良贷款资产支持证券信息披露指引（试行）》（中市协公告 2016 年第 10 号），5 月，中国银行和招商银行分别发行了 3.01 亿元和 2.33 亿元的不良贷款资产证券化产品。2016 年 12 月，发改委和证监会联合印发了《关于推进传统基础设施领域政府和社会资本合作（PPP）项目资产证券化相关工作的通知》（发改投资［2016］2698 号），PPP 项目资产证券化启动。2016 年以来，我国资产证券化相关产品种类不断丰富。

三、其他转标业务的发展历程

2013年7月，国务院印发《关于金融支持经济结构调整和转型升级的指导意见》（国办发［2013］67号），提出盘活存量资金的要求。当月底，银监会信贷资产流转业务试点工作正式启动，随后招商银行与中国工商银行完成了首笔交易。2014年6月，银行业信贷资产登记流转中心（简称银登中心）成立。2015年6月，银监会印发《关于银行业信贷资产流转集中登记的通知》（银监办发［2015］108号），要求银行信贷资产流转业务实施集中登记，促进规范化和透明化，实现跟踪监测，明确银登中心承担信贷资产集中登记职能。随后，银登中心建立了集中登记系统和资产流转平台两大电子业务系统，集中登记系统承担信贷资产登记和结算功能，资产流转平台实现资产交易功能，包括挂牌转让和协议转让两种交易方式。除了信贷资产转让业务外，银登中心还涉及了信贷资产收益权转让业务。

2016年4月，银监会印发了《关于规范银行业金融机构信贷资产收益权转让业务的通知》（银监办发［2016］82号），要求银登中心制定业务规则、操作流程、备案审核要求等，并明确业务要依法合规开展，包括计提资本、计提拨备、合格投资者要求、穿透原则等。通知还明确了银行理财产品投资银登中心信贷资产收益权的，不计入非标资产统计，制度上确认了银登中心信贷资产收益权业务可以实现非标转标的功能。2016年6月，银登中心印发了《信贷资产收益权转让业务规则（试行）》和《信贷资产收益权转让业务信息披露细则（试行）》（银登字［2016］16号）。至此，银登中心形成了信贷资产转让、信贷资产受益权转让、信贷资产收益权转让三种业务模式。不良贷款收益权转让是信贷资产收益权转让业务的重要一项，2016 年 9 月，江苏银行与华能贵诚信托完成了首单不良贷款收益权转让业务，原始金额 4.245 亿元，实际转让价格 2.54 亿元。从银登中心市场成员数量来看，2016 年下半年以来明显增加，2016 年末为 929 个，是 2016 年上半年末的 2.4 倍，成员主要包括银行、财务公司、金融租赁公司、信托公司、证券业金融机构，以及银行理财产品、信托计划、资管计划等非法人机构。

北京金融资产交易所（简称北金所）的前身是北京产权交易所（简称北交所）的金融资产交易业务部门。1999 年，我国成立了四大资产管理公司收购四大国有银行不良贷款，此后四家资产管理公司存在较大的不良资产处置业务需求。2003 年，北交所“中国金融资产超市”开市，处置不良金融资产成为北交所最早的金融资产交易业务。2006 年 4 月，北交所对光大信托撤销清算过程中剩余的 14.68 亿元资产进行了整体挂牌转让，金融资产交易业务所有扩展。2008 年 7 月，财政部印发《金融资产管理公司资产处置管理办法（修订）》（财金［2008］85 号），明确除规定外，债转股项目股权资产、评估价值 1000 万元以上的非上市公司股权资产，应在省级以上产权交易市场公开转让，不良金融资产交易业务在产权交易所中的重要地位得以确立。2008 年 12 月，银监会印发《商业银行并购贷款风险管理指引》（银监发［2008］84 号），标志着并购贷款的重启，借助北交所，工商银行北京分行和首创股份实现了并购贷款第一单。2009 年 5 月，财政部印发的中国《金融企业国有资产转让管理办法》（财政部令 2009 年第 54 号）正式实施，北交所开启了金融国有股权交易业务。在北交所向北交所集团格局发展的背景下，随着金融板块业务范围不断丰富和交易规模的不断扩大，北交所在原有金融资产交易业务的基础上组建了北金所。北金所仍以不良资产处置、金融国有股权交易、并购贷款等作为核心业务，同时向信贷资产交易、私募股权交易、中小金融机构股权交易、信托业务信息服务、私募股权基金二级市场、财富管理等领域拓展。

2011 年 11 月，国务院印发了《关于清理整顿各类交易场所切实防范金融风险的决定》（国发［2011］38 号），明确从事金融产品交易须经国务院金融管理部门批准，北金所面临转型问题。早在 2011 年 3 月，北金所便与银行间市场交易商协会开展合作，成为中国银行间市场交易商协会指定交易平台。2013 年底，银行间交易商协会入主北金所，代替北交所成为第一大股东，北金所也由地方交易所提升为国家级交易所。此后，北金所进入了一个新的发展阶段，淡化了产权市场属性，在银行间债券市场中寻找定位。2014 年 3 月，银行间市场交易商协会印发了《关于非金融企业债务融资工具集中簿记建档工作有关事项的公告》，要求 B 类主承销商统一使用位于北金所的集中簿记建档系统，随后，戴姆勒股份公司开展了受单集中簿记建档发行债务融资工具业务。2014 年 11 月，人民银行印发了《关于非金融机构合格投资人进入银行间债券市场有关事项的通知》（银市场［2014］35 号），以北金所为中介，非金融机构投资者得以投资于银行间债券市场。2017 年 6 月，银行间市场交易商协会印发《关于同意〈北京金融资产交易所债权融资计划业务指引〉备案的通知》（中市协发［2017］70 号），同意北金所开展债权融资计划业务，并将其作为银行间市场产品。北金所债权融资计划有望成为继银登中心信贷资产收益权转让业务后另一种“非标转标”途径。至此，北金所形成了债券交易、债权资产交易、国有金融资产交易三大业务板块。

机构间私募产品报价与服务系统（简称中证机构间报价系

统）由中证机构间报价系统股份有限公司（简称中证报价）管理。中证报价的原名为中证资本市场发展监测中心有限责任公司，成立于2013年2月，主要出资人包括中国结算和证监会下属的几家交易所。2014年8月，证券业协会印发了《证券公司柜台市场管理办法（试行）》和《机构间私募产品报价与服务系统管理办法（试行）》（中证协发［2014］137号），提出为促进和规范私募市场发展，提高市场透明度，设立中证机构间报价系统。当月，首只产品正式上线。2015年2月，公司更名为中证报价，股东增加至75名，其中包括了40家证券公司和26家私募机构，资本金增加至75亿元。

中证机构间报价系统是一个基于互联网的、面向机构的私募市场基础设施，主要功能包括：一是实现证券公司柜台市场和区域性股权交易市场的互联互通；二是为私募产品提供便捷高效地发行、报价和转让服务；三是为私募市场提供登记、结算服务，包括委托中国结算提供登记服务；四是为私募机构和私募产品提供信息展示。中证机构间报价系统将参与人分为投资类、创设类、推荐类、展示类、代理交易类，参与人已经涵盖了多数类别的金融机构、类金融机构、非金融机构。中证机构间报价系统的产品，按参与方式分为发行类和转让类，按产品类型分为固定收益类、私募股权类、衍生产品类。其中，固定收益类包括收益凭证、资管计划、资产支持证券、非公开发行公司债等；私募股权类包括企业展示、股权融资、股权转让、基金份额转让；衍生产品类包括权益类收益互换、场外期权等。在现有产品中，资产支持证券和非公开发行公司债有望成为“非标转标”的途径之一。

四、“非标转标”途径的现状及评价

目前，银行间市场和交易所市场上发行的企业类债券、资产证券化产品两类被认定为标准化债权类资产是不存在问题的，银行业信贷资产登记流转中心信贷资产流转业务相关产品，被认定为标准化债权类资产可能性很高，其他两个非公开发行债券品种也有望被认定为标准化债权类资产。下面重点论述和评价除主流企业类债券以外的其他类型产品。

（一）资产证券化业务

资产证券化是目前我国积极推动的一项业务。从现实来看，资产证券化业务有利于降低银行资本消耗，有利于盘活存量信贷，有利于丰富金融市场产品，同时，还可以制定政策，鼓励重点领域资产证券化业务发展，引导银行加大相关领域信贷投放，促进信贷政策与产业政策的协调。目前，我国资产证券化业务包括三种模式：一是中国人民银行和银监会主导的信贷资产证券化业务（Collaterized Loan Obligation，CLO），中国人民银行负责证券发行核准和证券交易管理，银监会负责机构监管；二是证监会主导的资产证券化业务（Asset Backed Securities，ABS）；三是银行间市场交易商协会主导的资产支持票据业务（Asset Backed Medium - term Notes，ABN）。2017 年，我国资产证券化业务共发行 661 单，金额 1.46 万亿元，分别比 2016 年增长 33% 和 66.2%，单笔业务平均金额为 22 亿元，比 2016 年增长 25%。其中，信贷资产证券化业务发行数量占比为 20.3%，金额占比为 41.1%，证监会主导的资产证券化业务发行数量占比为 74.4%，金额占比为 54.9%，资产支持票据业务发行数量占比为 5.3%，金额占比为 4%。

信贷资产证券化业务是由银行业金融机构发起，信托公司等作为资产受托机构和发行人，设立特定目的信托，发行信托受益权份额，发行人组建承销团在银行间债券市场发行，从事政府债券和金融债券买卖的市场成员可以作为证券的投资者和持有人。同时，受托机构需要委托贷款服务机构管理基础资产，通常由发起机构担任，委托商业银行等资金保管机构保管信托财产账户资金。信贷资产证券化业务实现了对发起人的风险隔离，证券不再属于发起人的负债，证券持有人的追索权仅限于信托财产。发起人进行资产证券化，将信贷资产重大风险和控制权转让，不对持有人承担偿付责任，所以该信贷资产将不再计入发起人的风险加权资产。

2017 年，信贷资产证券化业务共发行 134 单，金额为 5 977.29 亿元，分别比 2016 年增长 24.1% 和 52.9%，单笔业务平均金额为 44.6 亿元。信贷资产证券化业务的基础资产包括了企业贷款、个人住房抵押贷款、汽车贷款、信用卡贷款、租赁资产、铁路专项贷款、不良贷款、消费性贷款等。从发行金额占比来看，2017 年，个人住房抵押贷款、信用卡贷款、企业贷款、汽车贷款占比最高，分别为 28.6%、21.9%、20.2%、18.3%，合计达到 89%，与 2016 年相比，信用卡贷款和汽车贷款占比分别上升 18.3 个百分点和 3.3 个百分点，企业贷款和个人住房抵押贷款分别下降 16.6 个百分点和 7.2 个百分点。信贷资产证券化业务的发起机构主要是大型国有银行和股份制银行，2017 年占据了前 10，发行项目数量占比 40.3%，金额占比 64.7%。同时，近年来汽车金融公司表现活跃，2017 年发行项目数量占比 19.4%，金额占比 15.7%。

证监会主导的资产证券化业务，是由非金融企业和金融企业作为原始权益人发起，证券公司和基金子公司作为管理人，设立资产支持专项计划，发行资产支持证券，资产支持证券在证券交易所、全国中小企业股份转让系统、中证机构间报价系统、证券公司柜台市场等场所挂牌和转让，面向合格投资者发行，在合格投资者之间转让。同时，当原始权益人的业务经营可能对专项计划产生影响的，原始权益人应当为基础资产提供合理保障，专项计划相关资产需要由商业银行等托管人保管。对于门票收入等未来能够产生稳定现金流，但并不存在于原始权益人资产负债表中的资产，是不存在通过资产证券化实现出表问题的。对于原始权益人资产负债表中的资产，通过资产证券化，当自持次级比例在一定范围之内，可以实现出表目的。境内会计师事务所通常要求自持次级比例在10%以内，境外会计师事务所通常要求在5%～7%以内。

2017年，证监会主导的资产证券化业务共发行493单，金额为7 991.73亿元，分别比2016年增长29.4%和70.8%，单笔业务平均金额为16.2亿元。证监会主导的资产证券化业务的基础资产包括了企业债权、应收账款、租赁租金、保理融资债权、小额贷款、委托贷款、商业房地产抵押贷款、信托受益权、基础设施收费等。从发行金额占比来看，2017年，小额贷款、应收账款、企业债权、租赁租金、信托受益权、商业房地产抵押贷款占比最高，分别为33.8%、17.8%、11.4%、10%、9.8%、5.4%，合计达到88.1%，与2016年相比，小额贷款、企业债权、商业房地产抵押贷款占比分别上升18.2个百分点、4.7个百分点和1个百分点，租赁租金、信托受益权、应收账款分别下降12.2个百分点、6.4个百分点和1.1个百分点。信贷资产证券化业务的发起机构是以非金融企业为主，其中小额贷款公司、保理公司、融资租赁公司等类金融企业非常活跃，银行、证券、信托、资产管理公司等金融企业也广泛参与，其单笔发行金额相对较大。从2017年发行情况来看，发行金额超百亿的企业共有12家，包括2家小额贷款公司、2家商业保理公司、1家融资租赁公司、3家银行、1家证券公司、1家信托公司。

资产支持票据业务是非金融企业以基础资产所产生的现金流为支持，在银行间债券市场上，由金融机构承销，以公开或非公开定向方式发行的债务融资工具。银行间市场交易商协会按照债务融资工具的管理要求，对资产支持票据业务进行管理。资产支持票据作为一种债务融资工具，是发行企业的债务，资产支持票据业务并不能实现企业资产出表。2017年，资产支持票据业务共发行35单，金额为584.95亿元，分别是2016年的4.4倍和3.5倍，单笔业务平均金额为16.7亿元。资产支持票据业务的基础资产包括了基础设施收费债权、租赁债权、委托贷款债权、信托受益债权、PPP项目债权、应收债权、票据收益等。从发行金额占比来看，2017年，基础设施收费债权、租赁债权、委托贷款债权占比最高，分别为51.1%、25.8%、17.9%，合计达到94.8%，与2016年相比，基础设施收费债权、委托贷款债权占比分别上升27.3个百分点和17.9个百分点，租赁债权下降43.1个百分点。从发行资产支持票据的企业来看，融资租赁公司居多，2017年，31家发行企业中，有13家融资租赁公司，除此之外，大型企业集团和基础设施建设集团也是主要发行企业。如表8－1所示。

表 8－1　　三种资产证券化业务的比较

	CLO 业务	ABS 业务	ABN 业务
主管部门	中国人民银行和银监会	证监会	银行间市场交易商协会
交易场所	银行间债券市场（全国银行间同业拆借中心）	证交所、中证机构间报价系统、证券公司柜台	银行间债券市场（全国银行间同业拆借中心）
发起人	银行业金融机构	非金融企业为主	非金融企业
发行人	信托公司等通过特殊目的信托	证券公司专项资产管理计划	发起人或特殊目的载体
基础资产	信贷类资产	债权、收益权等	能产生现金流的资产
发行对象和方式	面向银行间债券市场成员（合格投资者），公开或定向发行	面向合格投资者，非公开发行	面向银行间债券市场成员（合格投资者），公开或非公开定向发行
出表	可以实现发起人信贷资产的出表，可以实现信贷资产资本计提的释放	可以实现原始权益人特定资产的出表	不能实现资产出表

注：CLO 为中国人民银行和银监会主导的信贷资产证券化业务，ABS 为证监会主导的资产证券化业务，ABN 为银行间市场交易商协会主导的资产支持票据业务。

（二）非标资产流转业务

银登中心信贷资产流转业务是银行业金融机构的信贷类资产，面向金融机构进行转让的业务，由银登中心承担集中登记职能。具体包括信贷资产转让、信贷资产受益权转让、信贷资产收益权转让三种模式。首先，信贷资产转让业务是出让方银行在集中登记系统对贷款债权进行登记，通过资产流转平台将贷款债权转让给受让方银行。已经找到交易对手的情况下可以采用协议转让方式，没有找到交易对手时可以采用挂牌转让方式，挂牌转让既可以选择一家或多家机构进行常规报价，也可以选择三家及以上机构进行竞争性报价。此业务只能针对正常类贷款。其次，信贷资产受益权转让业务是出让方银行构建信贷资产包，委托信托公司设立财产权自益信托，将信托受益权在集中登记系统登记，通过资产流转平台转让给受让方。此业务受让方通常是银行理财产品，因为目前银行理财产品直接投资信贷资产和信托贷款等受到了严格限制，所以银行理财产品需要通过投资信贷资产受益权的方式来间接投资信贷资产。信贷资产受益权转让业务也只能针对正常类贷款。再次，信贷资产收益权转让业务是出让方银行构建信贷资产包，将其收益权在集中登记系统登记，信托公司设立信托计划，通过资产流转平台受让信贷资产收益权，再将信托受益权通过资产流转平台出售给投资者。同时，出让方银行与信托公司需要确定贷款管理人，负责信贷资产的日常管理和清收。信贷资产收益权转让业务既可以针对正常类贷款，也可以针对不良贷款，但两者需要分开转让，不能构建混合信贷资产包。

信贷资产收益权转让业务的最大优势，是银行理财产品投资信贷资产收益权后，银监会认可相关资产不计入非标准化债权资产统计范围，可以实现“非标转标”。业务操作过程中还存在一些具体要求：一是出让方银行应按照原信贷资产全额计提资本。二是根据出让方银行实际转移风险和报酬的比例，相关信贷资产分为完全终止确认、完全不能终止确认、继续涉入三类，对于信贷资产完全不能终止确认的情况，出让方银行仍需将信贷资产计入贷款会计科目，对于信贷资产完全终止确认的情况，出让方银行可以将信贷资产出表，自持的信托受益权计入投资类会计科目。三是信贷资产收益权转让过程中，终止确认部分，出让方银行不需要计提拨备，继续涉入部分，需要根据实际承担风险情况计提拨备。四是出让方银行开展不良资产收益权转让，计算不良贷款监管指标时，继续涉入部分仍需计入不良贷款统计口径。五是信贷资产收益权业务面向合格投资者发售，对于不良资产收益权业务，不能通过直接或变相方式向个人投资者发售。六是购买信托受益权的投资机构，应将资产计入投资类会计科目。七是出让方银行不得为信贷资产收益权承担回购义务，不得用本行理财资金购买本行信贷资产收益权。八是信贷资产收益权转让业务的基础资产需要符合国家产业政策，政府融资平台类贷款等不能参与。如表 8 - 2 所示。

表 8 - 2　信贷资产收益权流转与信贷资产证券化的比较

业务名称	信贷资产收益权流转	信贷资产证券化
交易场所	银登中心	银行间债券市场（全国银行间同业拆借中心）
主管部门	银监会	中国人民银行和银监会
发起人	银行业金融机构	银行业金融机构
发行人	信托公司等通过资金信托计划	信托公司等通过特殊目的信托
基础资产	信贷类资产（正常类和不良类）	信贷类资产（正常类和不良类）
发行对象和方式	面向银登中心市场成员（合格投资者），公开或定向发行	面向银行间债券市场成员（合格投资者），公开或定向发行
法律关系	信贷资产收益权转让给信托计划	信贷资产真实出售给特殊目的信托
出表	出让方银行应按照原信贷资产全额计提资本，但可以实现出让方银行信贷资产的出表	可以实现发起人信贷资产的出表和信贷资产资本计提的释放

（三）其他非公开发行债券

除上述债券外，我国还有两类在全国性市场非公开发行的债券，即北金所的债权融资计划和中证机构间报价系统的非公开发行公司债。这两类业务都仅对备案文件和注册材料进行完备性核对和审查，都没有对融资人和发行人的类型进行限制，但要求必须面向合格投资者，必须以非公开方式募集资金，包括不采用广告、公开劝诱和变相公开方式进行宣传，投资者合计不超过 200 人。两类业务之间也有一些差异，一是北金所债权融资计划要求在自身系统进行挂牌和转让，中证机构间报价系统非公开发行公司债可以在自身系统进行发行和转让，也可以由发行人或承销机构自行组织债券发行，在中证机构间报价系统进行转让。二是北金所债权融资计划业务要求通过金融机构承销，中证机构间报价系统非公开发行公司债的发行方式有定价发行、簿记建档、招标发行。三是北金所债权融资计划的投资者包括法人或非法人机构，前者净资产不少于 500 万元，后者管理资产不少于 1 000 万元；中证机构间报价系统非公开发行公司债业务对金融机构、金融机构资管产品、私募基金等并没有规模限制，对企事业单位法人和合伙企业要求净资产不低于 1 000 万元，同时发行人的董事、监事、高级管理、持股比例超过 5% 的股东可以作为个人投资者参与。四是中证机构间报价系统非公开发行公司债以 100 元面值为 1 张，单笔现货转让数量不低于 5 000 张，北金所债权融资计划没有相关要求。

（四）“非标转标”渠道规模测算

首先来看主流企业类债券。2017 年，银行间债券市场发行的非金融企业债务融资工具规模为 38 681. 58 亿元，交易所发行的公司债规模为 14 734. 54 亿元，银行间市场发行的企业债规模为 3 730. 95 亿元，交易所发行的企业债规模为 673. 04 亿元。银行间市场和交易所市场上发行的企业类债券 2017 年合计为 5. 78 万亿元，比 2016 年减少 2. 08 万亿元，下降幅度为 26. 5%。其原因主要是利率攀升导致企业发行意愿下降。同时，近年来债券市场风险事件不断发生、资产管理业务监管趋严导致流入债券市场的资金受限等因素，也使得债券市场活跃度有所下降。未来几年，债券市场发行量大幅扩张的能力有限。

其次是资产证券化业务。2017 年，中国人民银行和银监会主导的信贷资产证券化业务发行规模为 5 977. 29 亿元，证监会主导的资产证券化业务发行规模为 7 987. 93 亿元，银行间市场交易商协会主导的资产支持票据业务发行规模 584. 95 亿元。资产证券化业务发行规模 2017 年合计为 1. 46 万亿元，比 2016 年增加 0. 58 万亿元，增长幅度为 66. 2%。近年来，在政策放宽的背景下，资产证券化业务保持了高速发展，未来几年这一势头仍有望延续。

其他渠道方面，银登中心信贷资产流转、北金所债权融资计划、中证机构间报价系统非公开发行公司债等业务的成熟度还不高，业务规模不大，缺少准确的统计数据。综上，主流企业类债券与资产证券化的年发行规模为 7. 24 万亿元，虽然资产证券化业务增长较快，但绝对规模仍偏低，在主流企业类债券发行不振的情况下，未来上述渠道承担“非标转标”的能力并不乐观。

第九章 奔向个贷

长期以来，我国银行重视公司业务的程度远高于个人业务，这与我国国民经济和居民收入的发展阶段有关。随着2013年以来企业贷款违约问题逐渐突出，以及经济增速进入换档期带来的企业有效贷款需求下降，银行公司业务面临了极大挑战。与此同时，我国居民收入水平在提高，消费观念在转变，银行个人业务的发展空间越来越大。2015年以来，银行对个人业务重视程度明显提高，个人消费贷款持续保持高速增长。

一、个人住房贷款发展历程

我国城镇住房长期实行国家实物福利分配和低租金制度，国家城镇建房投资巨大，但居民住房条件仍旧困难，同时又无法制约不合理的住房需求。为此，1986年，烟台、唐山、蚌埠、常州、江门五个城市开展了住房制度改革试点，1987 年，中国人民银行批准在烟台和蚌埠两地设立住房储蓄银行来配合改革试点，主要业务包括：建立住房基金制度、开展住房资金结算业务、办理购房建房信贷业务。烟台住房储蓄银行和蚌埠住房储蓄银行是我国首次尝试设立此类银行，但其性质是政策性还是商业性并不清晰。它们后来发展出工商企业贷款业务，在我国住房公积金制度建立起来以后，又将相关业务转移给当地住房公积金管理中心。最终，后者于 2000 年与当地城市信用社合并，前者于 2003 年改制为恒丰银行，成为一家全国性股份制银行。

1998 年 2 月，在烟台市等试点基础上，国务院印发了《在全国城镇分期分批推行住房制度改革实施方案》（国发［1988］11 号），决定在全国城镇分期分批推动住房制度改革。实施方案对金融工作也做出了相应安排，一方面是探索住房信贷银行业务，另一方面是要求中国人民银行安排一定的商品住房信贷计划指标。随后，作为从事基本建设存贷款业务的专业银行，中国人民建设银行开展了集资合作建房贷款、房改单位贷款、房管单位贷款、商品住房开发贷款等业务，向住房合作社、房改企事业单位、房管单位、房地产开发企业等发放贷款，支持住房制度改革。

十四届三中全会明确提出加快城镇住房制度改革，促进住房商品化。1994 年 7 月，国务院印发了《关于深化城镇住房制度改革的决定》（国发［1994］43 号），提出建立住房公积金制度，发展政策性和商业性住房信贷。1994 年 12 月，中国人民银行、国务院房改组、财政部联合印发了《政策性住房信贷业务管理暂行规定》（银发［1994］313 号），由指定银行，接受地方政府委托，通过吸收政策性住房资金，开展政策性住房信贷业务。明确市级政策性住房信贷业务由中国建设银行和中国工商银行办理，县级由中国农业银行办理，其中烟台和蚌埠两市，由地方住房储蓄银行办理。政策性住房资金来自各级住房基金、住房租赁保证金、职工住房公积金、地方政府发行的住房建设债券等，指定银行不得使用其他资金发放政策性住房贷款。政策性住房资金运用包括职工住房抵押贷款、经济适用房开发贷款、房改单位开发贷款，经过委托人同意还可以购买国债。个人住房公积金存款按法定半年期定期存款计息，职工住房抵押贷款和单位开发贷款利率在住房公积金存款利率基础上按规定加点。

1995 年 7 月，中国人民银行又印发了《商业银行自营住房贷款管理暂行规定》（银发［1995］220 号），明确商业银行在中国人民银行信贷计划内，可以自主经营住房开发贷款和个人住房贷款等业务，两类业务贷款最长期限分别为 3 年和 10 年，以房地产作为抵押物的，贷款金额与抵押物价值比例不超过 70%。1997 年 4 月，中国人民银行专门针对个人住房贷款印发了《个人住房担保贷款管理试行办法》（人民银行令 1997 年第 1 号），又于 1998 年 5 月修订为《个人住房贷款管理办法》（银发［1998］190 号），包括首付款不低于所购住房全部价款的 30%，最长期限为 20 年，银行信贷资金发放的贷款，利率按法定贷款利率减档执行，住房公积金发放的贷款，利率在 3 个月整存整取存款利率基础上加点，1 年以下期限贷款实行固定利率，1 年以上期限贷款实行浮动利率，下年初开始执行新利率。

1998 年 7 月，国务院印发了《关于进一步深化城镇住房制度改革，加快住房建设的通知》（国发［1998］23 号），明确 1998 年下半年开始停止住房实物分配，逐步实行住房分配货币化，培育和规范住房交易市场。通知的出台激发了居民的购房需求，也刺激了个人住房贷款业务发展。通知要求，扩大个人住房贷款发放范围，全部商业银行、全部城镇均可经营，取消信贷规模限制，适当延长贷款期限。通知还明确，住房公积金贷款主要用于个人住房贷款，发展住房公积金贷款与商业银行贷款组合的个人住房贷款业务。随后，中国人民银行出台了一系列鼓励个人住房贷款业务发展的政策措施。1999 年 2 月，在扩大内需的宏观调控背景下，中国人民银行印发了《关于开展个人消费信贷的指导意见》（银发［1999］73 号），明确所有中资商业银行均可以开办个人住房贷款业务，房屋类型也扩大至各种自用住房，最低首付款比例由 30% 下调至 20%。1999 年 9 月，中国人民银行印发了《关于调整个人住房贷款期限和利率的通知》（银传［1999］44 号），将商业银行信贷资金发放的个人住房贷款最长期限由 20 年调整至 30 年，利率由法定贷款减档执行改为中国人民银行单独确定 5 年以下和以上两个档次利率，并同时下调了相关利率水平。在政策支持下，1998 年以后，我国个人住房贷款快速发展，规模由 1998 年末的 500 亿元增长到 1999 年末的 1 300 亿元，2000 年末进一步达到 2 600 亿元。

随着个人住房贷款规模的快速增长，银行信贷领域也出现一些问题。2001 年 6 月，中国人民银行印发了《关于规范住房金融业务的通知》（银发［2001］195 号），严禁“零首付”个人住房贷款，个人利用银行贷款购买期房时，多层住宅需要主体结构已经封顶，高层住宅需要总投资完成 2/3，个人利用银行贷款购买商业用房，贷款金额与抵押物价值比例不得超过 60%，贷款期限不得超过 10 年，不得购买期房。2003 年 6 月，中国人民银行印发了《关于进一步加强房地产信贷业务管理的通知》（银发［2003］121 号），内容涉及开发贷款、土地储备贷款、建筑施工企业流动资金贷款等，其中个人住房贷款也成为通知关注的重点领域。对于个人购买第二套以上住房、购买高档商品房，要求提高首付款比例，贷款利率按同档贷款利率执行，不享受个人住房贷款利率优惠。2004 年 8 月，银监会印发了《商业银行房地产贷款风险管理指引》（银监发［2004］57 号），引导商业银行提高土地储备贷款、房地产开发贷款、个人住房贷款、商业用房贷款的风险管理能力。个人住房贷款方面，要求商业银行考核借款人还款能力，月房贷支出与收入要低于 50%，月全部债务支出与收入比低于 55%。此时，我国房地产市场发展已经进入了快车道，虽然个人住房贷款得到规范，但在强烈需求的刺激下，2005 年末余额仍然达到了 1.84 万亿元，5 年来的平均增长率达到 48%。

随着我国房地产价格快速上涨，2005 年 3 月，国务院印发了《关于切实稳定住房价格的通知》（国办发明电［2005］8 号），提出了八条抑制房价的政策措施。2005 年 3 月，中国人民银行印发了《关于调整商业银行住房信贷政策和超额准备金存款利率的通知》（银发［2005］61 号），商业银行自营个人住房贷款利率按商业贷款利率执行，不再享受优惠利率，贷款逾期罚息也由每日万分之二点一改为与商业贷款一致的原利率水平加收 30% ~50%，个人住房公积金贷款利率仍由中国人民银行单独确定，并上调了相关利率 0.18 个百分点。同时，对房价上涨过快地区，首付款比例由 20% 提高到 30%。2007 年 9 月，中国人民银行和银监会联合印发了《关于加强商业性房地产信贷管理的通知》（银发［2007］359 号），要求 90 平方米以下住房的贷款首付款比例不低于 20%，90 平方米以上的不低于 30%，再次申请贷款购买住房的，贷款首付款比例不低于 40%，贷款利率不低于基准利率 1.1 倍。商业用房的贷款首付款比例不低于 50%，期限不超过 10 年，利率不低于基准利率 1.1 倍。至此，我国形成了未来 10 年，与房地产宏观调控相配合的个人住房贷款政策，包括根据不同情况设置贷款首付款比例下限、贷款利率下限、贷款期限等。

2008 年全球金融危机之后，防风险被放到了更加重要的位置，房地产政策也出现松动。房地产价格经过短暂低落后，又开始继续大涨。2010 年开始，个人住房贷款首付款比例不断上调，90 平方米以上的大面积住房和二套房上调幅度更大，二套房首付款比例最高至 60%，部分地区暂停发放三套以上住房的购房贷款。随着我国经济进入新常态，房地产价格有所回落，尤其是中小城市房地产去库存问题变得愈发突出。2014 年以来，房地产调控政策开始松动。2014 年 9 月，中国人民银行和银监会联合印发了《关于进一步做好住房金融服务工作的通知》，首套住房贷款首付款比例最低为 30%，利率下限为基准利率 0.7 倍，拥有 1 套住房并结清贷款的，按首套房贷款政策执行。随着我国各地区房地产市场出现分化，部分大中城市房价仍具有强劲的上涨动力，而部分中小城市则面临较大的去库存压力。2015 年 3 月，全国人大政府工作报告中提出房地产领域实行分类指导，因地施策，落实地方政府主体责任的原则。2015 ~2016 年，个人住房贷款增速上涨较快，年末余额增速分别为 23.2% 和 35%，而 2010 ~2014 年的大部分时间，增速均在 20% 以下，仅有 2010 年和 2013 年末达到 28.5% 和 21%。截至 2017 年末，贷款余额已经达到 21.9 万亿元，占金融机构各项贷款的 17.4%，比 2014 年末提高了 4.1 个百分点，而 2014 年末的占比仅比 2009 年末提高 1.8 个百分点。

二、消费贷款发展历程

（一）信用卡

1985 年，中国银行率先在国内开展信用卡业务，随后其他银行陆续跟进。此时的信用卡主要是准贷记卡，需要先存入资金才能持卡消费，各家银行仅能依托各自资源来实施网络布局。1992年12月，中国人民银行印发了《信用卡业务管理暂行办法》（银发［1992］298号），对相关业务进行了规范。1993年6月，国务院启动金卡工程，从满足银行业务需要出发，建立电子货币系统，形成金融卡管理体系，普及金融卡应用。1995年，广发银行发行了我国第一张真正意义上的信用卡。1996年1月，中国人民银行将相关制度修订为《信用卡业务管理办法》（银发［1996］27号）。2002年3月，中国银联成立，年底全国地级市基本实现银行卡联网通用，银行卡得以跨银行、跨地区使用，随后“62”字头的银联标准卡开始推广，为银行卡跨境使用铺平了道路。2002年，中国工商银行成立牡丹信用卡中心，专业化经营，独立核算，提高了业务效率，此后，多加银行纷纷跟进，我国银行信用卡业务得到快速发展。2006年3月，中国人民银行征信中心成立，个人信用卡记录得以共享，便利银行管理风险，进一步促进了银行信用业务的发展。2006年底，我国信用卡发卡量达到近5000万张。

支付清算基础设施的不断完善，信用体系的建立，为银行信用卡业务的发展提供了基础保障；居民消费观念的逐步改变，扩大内需政策的实施，则极大地推动了银行信用卡业务的发展。2007~2014年间，我国信用卡发卡量平均增速31.8%，2014年末发卡余额达到了4.55亿张。在我国银行信用卡业务快速发展的同时，也出现了追求发卡规模，业务模式单一，运作粗放，同质竞争等问题。2015年我国信用卡发卡量首次出现减少。但这并不意味着我国信用卡业务的饱和，2014年末我国人均持卡量仅为0.34张，即使是人均持卡量最高的北京和上海，也仅为1.7张和1.33张，与美国人均2.9张的水平还具有很大差距。

更重要的是在信用卡发卡量减少的情况下，信用卡授信总额和应偿信贷余额虽然增速出现下滑，但仍然保持较高水平，2014 末分别为 22.5% 和 26.8%，2015 年末分别为 26.4% 和 32.1%。随着银行转变业务发展理念，更加注重居民个性化需求，深耕细分市场，2016 年以来，银行信用卡业务又驶向快车道。截至 2017 年末，我国信用卡发卡量为 5.88 亿张，人均持卡 0.39 张，信用卡授信总额 12.48 万亿元，应偿信贷余额 5.56 万亿元。

（二）汽车贷款

汽车是重要的耐用消费品，汽车消费贷款具有广阔的发展空间。早在 1996 年，中国建设银行便开始尝试汽车消费贷款业务，包括对汽车经销商和最终用户，经销商需要至少存入购车款 30% 的资金，最终用于需要至少存入 40% 的资金，并需要经销商推荐。1998 年 9 月，中国人民银行印发了《汽车消费贷款管理办法》（银发［1998］429 号），在四大国有银行试点汽车消费贷款业务，规定采用质押方式，最低首付款比例为 20%，采用所购车辆抵押方式，最低首付款比例为 30%，采用第三方保证方式，最低首付款比例为 40%，贷款期限不得超过 5 年。1998 年亚洲金融危机之后，在刺激内需的背景下，中国人民银行印发了《关于开展个人消费信贷的指导意见》（银发［1999］73 号），允许全部中资银行开办消费信贷业务，当时，汽车贷款与住房贷款一同成为消费信贷领域的主体。

2000 年 6 月，中国人民银行印发了《企业集团财务公司管理办法》（中国人民银行令 2000 年第 3 号），允许集团财务公司开展成员产品的消费信贷和买方信贷，打开了非银行机构开展汽车消费信贷的途径。2003 年 10 月，银监会印发了《汽车金融公司管理办法》（银监会令 2003 年第 4 号），允许成立汽车金融公司，注册资本不低于5亿元，主要从事购车贷款、汽车经销商采购营运贷款、购车担保等业务，不得设立分支机构。2004年8月，上汽通用汽车金融公司成立，成为我国第一家汽车金融公司。

从汽车工业年鉴发布的数据可以看到，2002~2003年，汽车贷款迅猛增长，从2001年末的436亿元，增长到2003年末的1839亿元。由于当时我国征信体系不健全，银行风险控制能力也比较弱，导致贷款快速增长的同时，信贷质量在不断恶化。2004年，政策上加强了汽车信贷的管控，2004年8月，中国人民银行和银监会联合印发了《汽车贷款管理办法》（中国人民银行令2004年第2号），贷款期限不得超过5年，其中二手车贷款不得超过3年，经销商汽车贷款不得超过1年，自用车、商用车和二手车的贷款最高发放比例分别不得高于80%、70%和50%。随后，银行收紧了汽车信贷业务，2004~2009年，长达6年的时间里，汽车贷款规模都没有回到2003年的水平。银行汽车贷款业务收缩为刚刚进入的汽车金融公司提供了发展空间，国内主机厂和国外车企纷纷设立汽车金融公司。但总体来看，这一阶段汽车消费贷款发展较为缓慢，信贷风险仍然无法得到很好控制，2008年1月，银监会便印发了《关于汽车贷款风险提示的通知》（银监办发［2008］4号），对银行业金融机构相关贷款合同中出现的审核不严、管理不力等问题进行了风险提示。

2008年全球金融危机之后，国家出台了刺激消费政策，同时，居民消费能力已经大幅提升，消费观念也发生了转变，汽车产销量实现跨越式增长，汽车行业也迎来蓬勃发展时期。各大主机厂纷纷扩大销售网络，对汽车信贷的需求也开始上升，业务形势开始好转。汽车金融公司的设立和发展也进入了快车道，与前一阶段不同，此时很多汽车金融公司由汽车企业与银行等金融机构联合设立。截至 2017 年末，我国汽车金融公司已经达到 25 家。虽然，近年来，汽车行业已经由卖方市场转变为买方市场，市场竞争越发激烈，粗放增长模式难以为继，但我国汽车市场仍保持平稳增长态势，新能源汽车发展迅速，未来潜力巨大。2008 年以来的汽车信贷快速增长势头一直延续至今，2015 年末已经达到 7 281 亿元，是 2007 年末的 6.8 倍，规模年均增长 26.5%。2017 年 10 月，中国人民银行和银监会修订了《汽车贷款管理办法》（人民银行令 2017 年第 2 号），贷款最高发放比例由人民银行和银监会根据宏观经济和行业发展情况确定。随后，中国人民银行和银监会印发了《关于调整汽车贷款有关政策的通知》（银发［2017］234 号），提高了新能源汽车贷款最高发放比例，自用为 85%，商用为 75%。

（三）消费金融

1994 年 12 月，中国人民银行印发了《个人定期储蓄存款存单小额抵押贷款办法》，个人可以以未到期的定期存单为质押，从银行贷款，但对业务进行了严格限制，包括质押率不超过 80%，贷款限额在 1 000 元~10 万元之间，期限不超过 1 年，最多展期一次等。1998 年亚洲金融危机之后，在刺激内需的背景下，中国人民银行印发了《关于开展个人消费信贷的指导意见》（银发［1999］73 号），明确扩大消费信贷领域，开发消费信贷新业务，允许试办耐用消费品贷款、教育助学贷款、旅游贷款等。但是，长期以来，我国个人消费贷款主要集中在住房贷款、汽车贷款、信用卡领域，其他领域个人消费贷款规模很小。

2008 年全球金融危机之后，扩大内需再次被作为对冲外部冲击的政策措施。2009 年 7 月，银监会印发了《消费金融公司试点管理办法》（银监会令 2009 年第 3 号），允许设立消费金融公司，不吸收公众存款，可以同业拆借、同业借款、发行金融债券，主要从事小额、分散的个人耐用消费品等贷款业务。办法规定，消费金融公司最低资本为3亿元，出资人最近1年年末总资产不低于600亿元。随后，本着一地一家的试点原则，北银消费金融、四川锦程消费金融、中银消费金融、捷信消费金融相继在北京、成都、上海、天津开业，成为我国最早的一批消费金融公司，其中前三家均是银行为主要出资人。2013年7月，国务院印发了《关于金融支持经济结构调整和转型升级的指导意见》（国办发［2013］67号），提出发展消费金融，扩大消费金融公司试点，试点民间资本设立消费金融公司。2013年11月，银监会修订了《消费金融公司试点管理办法》（银监会令2013年第2号），将非金融企业出资消费金融公司的总资产要求降低到300亿元，消费金融公司的资金来源增加了境内股东存款。2014年，招联消费金融、兴业消费金融、海尔消费金融、苏宁消费金融、湖北消费金融、马上消费金融等相继获准筹建。2015年6月以后，消费金融公司试点工作扩大至全国，消费金融公司设立工作进展较快，截至2017年末已经达到22家。

近年来，除通过设立消费金融公司开展业务外，银行的个人信贷业务部门也在大力拓展个人消费贷款业务，并表现出一些特点：一是银行更加注重差异化经营，针对特定人群开展具有特色的信贷业务。例如针对优质白领客户的特色贷款，针对刚刚进入职场人群的贷款，开展房屋装修贷款等。二是贷款灵活性大大提升。从抵押、质押、保证等担保方式向信用贷款转变，从固定期限向随借随还方式转变，大幅压缩贷款审批时间，对于信用状况好的客户给予更高的贷款额度。三是广泛利用互联网。银行加大力度推广手机银行和网络银行等，借此发展个人消费信贷业务，同时也增加了业务的便利性，客户仅需要在手机或电脑上操作即可，不需要往返银行柜台。

三、现状

近年来，个人消费贷款业务保持高速发展。2017 年末，银行业金融机构个人消费贷款余额已经达到 31.53 万亿元，同比增长了 25.8%，2015 以来一直保持 20% 以上的增速，2016 年更是达到 32.2%。更为重要的是个人消费贷款的高增速是在各项贷款整体增速不振的情况下发生的，并由此带来了个人消费贷款在各项贷款中占比的快速攀升，2017 年末的余额占比已经达到了 25.1%，3 年来共提高了 7.4 个百分点。在个人消费贷款中购房贷款占比最大，2017 年末达到 69.5%。购房贷款与国家房地产政策关系密切，从趋势上看，购房贷款占比总体上是趋于下降的，尤其是 2017 年下降更加明显，比 2016 年的占比下降了 6.9 个百分点。除住房贷款外的个人消费贷款一直保持强劲增长，尤其是 2017 年，年末增速达到了 62.7%，年末余额达到 9.63 万亿元。可以看出，除购房贷款外的其他个人消费贷款成为 2017 年银行拓展业务的发力点。

从银行经营角度来看，个人消费贷款业务的重要性也越来越突出。近年来，银行同业业务、理财业务等发展较快，业务多元化趋势明显，传统业务所受影响较大，在业务收入中的占比也趋于下降，其中以公司贷款业务利息收入占比下降最为明显。但个人贷款业务不仅没有受到影响，重要性反而更加突出了。分析最早上市的 15 家银行的财务数据（数据缺失原因不含中信银行），在主营收入构成中，2012 年个人贷款业务利息收入占比平均为 13.5%，随后逐年上升，2016 年达到 15.6%，

4 年时间共提高了 2.1 个百分点。传统公司贷款领域的另一个问题是风险突出。近年来，银行不良贷款率上升较快，2016 年末以来情况有所改观，稳定在 1.74% 的水平，这其中的主要来源是公司贷款，2016 年末不良贷款率为 2.31%。相比而言，2016 年末，个人贷款不良贷款率仅为 0.76%，比公司贷款低 1.55 个百分点。

近年来，银行之所以会越来越重视个人消费贷款业务，原因是多方面的：一是与宏观经济背景有关。我国经济进入新常态以来，企业经营状况一直无法得到全面改善，企业有效信贷需求不旺，企业贷款业务对银行经营的支撑作用不足，迫使银行寻求其他收入来源渠道。在扩大内需的政策背景下，近年来，消费金融领域得到了政策鼓励和支持，银行自然将其作为努力的方向之一。二是消费金融市场前景广阔。传统上，我国住户部门负债率较低，虽然近期上升速度较快，但相比发达国家仍不高。同时，近年来，随着人均收入水平的不断攀升和居民消费观念的转变，负债消费正在被越来越多的人接受，加之我国人口众多，消费金融规模具有巨大的想象空间。三是个人贷款业务信用风险可控性更高。首先，个人信贷业务的贷款主体明确，远比中小企业贷款的可控性高。中小企业大多为有限责任公司，违约不会追索企业主个人资产，中小企业的品牌价值有限，企业发展更多依赖企业主人脉关系，企业主另起炉灶的成本很小。正是基于此，目前银行在操作中小企业贷款时，会尽量要求企业主用自身信用进行担保。其次，个人信用信息获得方便。人民银行建立的征信系统可以准确、及时地反映个人信用卡消费等的信用情况，个人工资等收入可以通过银行流水清晰地看到，个人住房和汽车等贷款，可以直接获得抵押物，并通过抵押率控制风险。再次，个人违约成本较高。随着我国征信体系的不断完善，对失信个人的限制手段越来越多，包括难以获得金融服务，禁止高端消费，禁止乘坐飞机和高铁等。特别是工作和收入比较稳定的个人，违约成本更高，是银行高授信评级客户，已经成为银行重点营销对象。

四、未来

2008 年全球金融危机以来，我国居民消费观念正在发生改变。从数据来看，居民消费占 GDP 的比重开始持续上升，根据支出法 GDP 核算，2016 年名义居民消费为 29.27 万亿元，占名义支出法 GDP 的 39.2%，比 2010 年提高了 3.6 个百分点。自 1952 年起，我国居民消费占 GDP 的比重总体上呈下降趋势，虽然其间存在小幅波动，但连续 6 年的持续上升还是第一次出现。居民消费习惯的改变至少受到以下两方面因素的影响：一是随着 70 后和 80 后人群步入事业成熟期，他们逐渐成为社会消费的主力。他们的消费观念较上一辈更为积极，较高的可支配收入和较少的子女支出负担，使他们有更多资金用于消费。二是随着我国城镇化率的不断提高，互联网和智能手机的快速普及，物流网络覆盖面的迅速扩大，居民的消费渠道日益广阔，这也带动了居民消费观念的转变。

从总量方面来看，改革开放近 40 年来，我国经济持续保持快速增长，尤其是加入世贸组织以来，我国经济在较高起点上持续高速增长。虽然 2008 年全球金融危机对我国宏观经济造成了较大冲击，随后宏观经济又进入了新常态，但 GDP 增速仍然保持在近 7% 的高水平。从名义总量来看，2017 年，名义 GDP 已经达到 82.71 万亿元。经济中生产活动所产生的国内生产总值，会通过劳动者报酬、企业利润等途径最终转化为居民收入，成为居民消费的基础。规模庞大的名义 GDP 意味着规模庞大的居民收入，加之居民消费观念发展转变，储蓄意愿下降，居民消费规模不仅规模庞大，增速还将高于国内生产总值。庞大的消费能力，为我国个人消费贷款发展描绘了美好的前景，也成为目前银行普遍布局消费信贷业务的最大动力。

虽然，银行个人消费贷款未来具有很大的发展潜力，但目前仍面临一些问题。首先是政策部门已经表现出对居民部门杠杆率迅速上涨的担忧。2017 年末，银行业金融机构住户贷款余额达到 40.52 万亿元，与 2017 年名义 GDP 的比值达到 49%。2008 年全球金融危机以来保持持续快速上涨势头，尤其是 2016 ~ 2017 年，占比在已经较高的基础上，仍分别提高了 5.7 个百分点和 4.1 个百分点。未来，政策领域对消费信贷的鼓励和支持将逐步减退，特定领域的限制将有所加强。

另一个重要的问题是风险。虽然个人贷款不良率整体处于较低水平，2016 年末仅为 0.76%，比公司贷款低 1.55 个百分点，但个人贷款的信用风险问题也不能忽视。与我国不良贷款问题整体情况一致，个人类不良贷款规模近年来也在快速增长，2013 ~ 2016 年的增速分别为 32.3%、37.9%、55.5% 和 26.9%，截至 2016 年末余额已经达到 1741.4 亿元，是 2012 年末的 3.8 倍。分类来看问题更加突出，个人贷款的高信用质量主要集中在个人住房贷款，2016 年末的不良贷款率仅为 0.36%。除个人住房贷款外的其他类型贷款，信贷资产质量同样堪忧。其中，汽车贷款资产质量最差，2016 年末为 2.29%，已经接近了公司贷款的平均不良水平，从历史发展来看，我国汽车贷款资产质量一直不高。信用卡不良贷款率 2016 年末为 1.9%，其他个人贷款为 1.73%，也都处于较高水平。相比来看，公司贷款资产质量较差也主要集中在制造业、批发零售业、住宿餐饮业等特定领域，其他领域资产质量普遍较高，例如，2016年末，房地产业的贷款不良率仅为1.04%，与基础设施投资相关领域的贷款不良率平均仅为0.43%。

第十章 融入世界

对外开放，是我国的一项长期基本国策。随着我国对外开放水平的不断提升，实现与经济开放水平相适应的金融业对外开放水平，显得非常迫切。银行业的对外开放在我国金融业对外开放中的地位非常重要。首先，银行发挥了金融体系与境外联系的桥梁作用，外汇管理体系也主要依托银行在发挥作用。其次，银行业是我国金融业的主体，国内企业在“走出去”的过程中，强烈需要国内银行的陪伴。近年来，随着“一带一路”倡议的提出，我国对外开放程度提高到了一个新的水平，对银行业融入世界提出了更高要求，也极大地激发了银行“走出去”的热情。

一、外汇管理体制改革

改革开放伊始，我国便开始探索外汇管理

体制改革，最终，在1993年党的十四届三中全会上提出，建立以市场为基础的有管理的浮动汇率制度，建立统一规范的外汇市场，逐步使人民币成为可兑换货币。本着循序渐进的原则，根据国际国内经济金融环境，多年来我国持续向这一目标迈进。但过程并不顺利，改革过程中经常受到外部冲击的干扰，包括1997年的亚洲金融危机和2008年的全球金融危机。直到目前，我国外汇管理体制改革仍在进行中。

（一）早期外汇管理体制改革历程

在高度计划经济时代，我国的对外贸易由国有外贸公司统一经营，外贸盈亏由国家财政平衡，外汇由国家统收统支，此时的人民币汇率仅是外贸核算和外汇收支领域的一个会计要素。改革开放后，为了配合外贸体制改革，调动企业出口创汇积极性，我国开始推动外汇制度改革。主要包括：一是在官方汇率之外，外贸实行内部结算汇率；二是实行外汇留成制度，即企业出口创汇强制结汇后，企业获得一定比例的外汇留成额度；三是建立外汇调剂公开市场，企业外汇留成额度可以在市场上进行交易。在当时外汇紧张的情况下，这些政策发挥了积极作用，提高了企业出口创汇的积极性，增加了国家外汇储备。但也出现了很多问题，国际规则视双重汇率为政府对出口的补贴，可能引发进口国对我国出口商品征收补贴税，同时双重汇率也带来了外汇管理上的混乱。

1985年初，外贸内部结算汇率制度首先被取消，我国又恢复到官方单一汇率制度。随着外贸改革的推进，企业留成外汇增加，外汇调剂公开市场逐渐繁荣起来，由此形成了官方汇率与调剂市场汇率共存的局面。这一制度本身存在弊端，官方汇率是以企业出口换汇成本为基础的，信息来自企业报送的经营数据，数据频率不高，存在信息不及时问题。同时，在这一制度下，企业没有控制成本的动力，而且存在虚报成本的愿意，这就迫使官方汇率不断贬值。从当时背景来看，我国还面临外汇短缺问题，人民币存在贬值压力，调剂市场汇率与官方汇率也存在较大价差，这又带来了大量投机行为和利益输送。在多重因素作用下，官方汇率经历了几次跳跃性的贬值过程，人民币对美元汇率 1986 年 7 月由 3.2 跌至 3.7，1989 年 12 月由 3.7 跌至 4.7，1990 年 11 月由 4.7 跌至 5.2。

从国际背景来看，1971 ~ 1973 年后，布雷顿森林体系解体，西方主要发达国家实行了浮动汇率制度。我国要扩大对外开放，更好地融入国际货币基金组织（International Monetary Fund，IMF）、关税和贸易总协定（General Agreement on Tariffs and Trade，GATT，世界贸易组织 WTO 的前身）等国际组织，就需要与国际接轨，完善汇率形成机制。为此，十四届三中全会将外汇管理体制改革作为金融改革的任务之一，明确建立以市场为基础的有管理的浮动汇率制度，建立统一规范的外汇市场，逐步使人民币成为可兑换的货币。

随后的 1993 年 12 月，国务院印发了《关于进一步改革外汇管理体制的通知》（国发［1993］89 号），明确了我国外汇管理体制改革短期内是实现汇率并轨。具体改革内容还包括：一是外汇收入由银行结汇，取消外汇留成和上缴；二是取消经常项目下正常对外支付用汇的计划审批，实行银行售汇制；三是建立全国统一的银行间外汇交易市场，由中国人民银行每日公布人民币对美元中间价；四是对外汇指定银行结算周转外汇余额实行比例幅度管理；五是严格外债管理，建立偿债基金制度；六是取消境内外币计价结算，禁止外币境内流通；七是建立国际收支统计申报制度；八是外商投资企业外汇管理工作维持现状。至此，原有的外汇留成制度和外汇调剂公开市场制度取消。随着银行结售汇体系的完善，1998 年 10 月，中国人民银行和外汇局印发了《关于停办外汇调剂业务的通知》（银发［1998］507 号），取消外商投资企业外汇调剂业务，纳入银行结售汇体系，各地外汇调剂中心或者关闭，或者转变职能成为中国外汇交易中心当地分中心。

1994 年初的汇率并轨改革后，人民币对美元汇率由 5.8 一次性贬值至 8.7。1994 年 4 月，中国外汇交易中心系统正式运行，美元/人民币、港元/人民币、日元/人民币是最初的三个交易品种。受国际国内经济形势影响，此时外汇资金整体呈内流趋势，在以市场供求为基础的、有管理的浮动汇率制下，人民币对美元汇率经历了一轮升值过程，由 1994 年初的 8.7 升至 1995 年 5 月 8.3。随后，出于稳定出口的考虑，人民币对美元汇率波动幅度明显缩小，汇率形成机制逐步演变为盯住单一美元。1997 年 7 月亚洲金融危机爆发，周边国家货币竞相贬值，我国在坚持人民币经常项目可兑换、资本项目管理不变的情况下，对干扰正常金融秩序的逃套汇行为采取了必要的监管措施，人民币汇率保持基本稳定，对稳定地区和世界经济起到了重要作用，赢得了国际社会的广泛赞誉。

实行盯住单一美元汇率制之后的近 10 年时间里，我国出口和吸引外资取得了长足发展，多年实现经常项目和资本项目双顺差，尤其是 2002 年以来幅度明显扩大，2004 年分别实现顺差 689.41 亿美元和 1 081.52 亿美元，占 GDP 的比例分别为 3.5% 和 5.5%。大幅双顺差使人民币存在升值空间，为保持盯住单一美元汇率制，中国人民银行从商业银行大量购买外汇，2004 年末国家外汇储备达到 6 099.32 亿美元。外汇占款带来了基础货币的增发，中国人民银行不得不从 2002 年 9 月开始发行央票对冲外汇占款，2014 年央票余额已经达到 1.11 万亿元。

（二）人民币汇率形成机制改革

2005 年 7 月，中国人民银行印发《关于完善人民币汇率形成机制改革的公告》（中国人民银行公告 2005 年第 16 号），标志着新阶段外汇管理体制改革的开始。人民币汇率将不再盯住单一美元，实行以市场供求为基础、参考一篮子货币进行调节、有管理的浮动汇率制度；以前一交易日的收盘价作为下一交易日的中间价；交易价格在当日中间价一定幅度内浮动；人民币对美元汇率从 8.28 一次性调整为 8.11。随后，银行间外汇市场，非美元货币对人民币交易价在中间价上下浮动幅度由 1.5% 扩大至 3%，银行挂牌美元现汇和现钞买卖价差对中间价浮动幅度扩大至 1% 和 4%，取消了银行挂牌非美元现汇和现钞买卖价差幅度限制。此时，银行间外汇市场，美元对人民币交易价在中间价上下浮动幅度仍然为 0.3%。2005 年 8 月，中国人民银行印发了《关于加快发展外汇市场有关问题的通知》（银发［2005］202 号），为人民币汇改创造良好的市场环境，包括即期外汇市场中引入非金融企业和非银行金融机构，外汇市场中引入询价交易方式，开办银行间远期外汇交易等。随后，中国外汇交易中心推出了银行间外汇远期交易。

询价交易的开展，以及随后的做市商制度，所产生的影响更大。2005 年 11 月，外汇局印发了《银行间外汇市场做市商指引（暂行）》（汇发［2005］86 号），标志着 2002 年欧元/人民币和港币/人民币交易做市商制度试点后，银行间外汇市场正式引入做市商制度。2006 年 1 月，中国人民银行印发了《关于进一步完善银行间即期外汇市场的公告》（中国人民银行公告 2006 年第 1 号），以做市商制度为基础，2006 年 1 月 4 日起，人民币兑美元汇率中间价确定方式调整为，银行间外汇市场开盘前，中国外汇交易中心向所有外汇市场做市商询价，将其作为汇率中间价的样本，去掉最高和最低价后加权平均，作为当日中间价，权重由外汇交易中心根据报价方的交易量和报价情况综合确定。

从人民币对美元汇率走势来看，虽然2005年7月21日一次性升值了2.1%，但市场中仍存在较强的人民币升值预期，2005年末人民币对美元汇率达到8.08。2006年1月4日改革中间价形成方式后，人民币对美元仍然持续升值，至2007年5月18日中间价达到7.68。虽然人民币对美元持续升值，但人民币汇率形成机制改革仍在持续推进。2007年5月，中国人民银行印发《关于扩大银行间即期外汇市场人民币兑美元交易价浮动幅度的公告》（中国人民银行公告2007年第9号），从2007年5月21日起，银行间市场人民币对美元交易价浮动幅度由0.3%扩大至0.5%。2007年8月，中国人民银行印发了《关于在银行间外汇市场开办人民币外汇货币掉期业务有关问题的通知》（银发［2007］287号），2007年11月，中国外汇交易中心印发人民币外汇货币掉期交易规则。真正让这一轮改革停下脚步的是2008年不期而至的全球金融危机。2008年下半年开始，人民币对美元升值步伐明显放缓，波动幅度逐渐收窄，渐渐演变成盯住美元的汇率制度，并一直持续到2010年下半年。

2010年8月，外汇局印发了《银行间外汇市场做市商指引》（汇发［2010］46号），由2005年的暂行指引升级为正式指引；11月，中国人民银行印发了《关于银行间外汇市场交易汇价和外汇指定银行挂牌汇价管理有关问题的通知》（银发［2010］325号），对相关规定进行了整合。上述制度的更新、完善，也预示了被全球金融危机打断的人民币汇率形成机制改革的重启。人民币改变了盯住美元的汇率制度，2010年下半年以来波动幅度明显扩大，人民币对美元开始了新一轮的升值步伐。2012年4

月，中国人民银行发布公告（2012年第4号），美元对人民币交易价在中间价上下浮动幅度由0.5%扩大至1%，银行挂牌美元现汇买卖价差对中间价浮动幅度由1%扩大至2%。2014年3月，中国人民银行发布公告（2014年第5号），美元对人民币交易价在中间价上下浮动幅度继续扩大至2%，银行挂牌美元现汇买卖价差对中间价浮动幅度继续扩大至3%。随后，2014年7月，中国人民银行印发了《关于银行间外汇市场交易汇价和银行挂牌汇价管理有关事项的通知》（银发［2014］188号），人民币对欧元、港币和加拿大元的汇率中间价通过人民币对美元中间价和国际市场汇价套算，人民币对其他更多货币的汇率中间价由做市商报价直接得出。

2015年8月11日，人民币汇率形成机制改革迈出了重要一步，即开盘前，做市商参考上一日银行间外汇市场收盘汇率，综合考虑外汇供求情况以及国际主要货币汇率变化，提供中间价报价。人民币兑美元汇率中间价报价机制的市场化改革，明显加大了市场供求对汇率形成的决定性作用。从当时的背景来看，2014年以来，人民币对美元持续升值的趋势已经发生转变，汇率更多地开始双向波动。国际方面，全球金融危机以来美联储实施的量化宽松政策正在转向。"811"汇改以后，人民币对美元汇率开启了一段较长时间的贬值过程。

2015年12月11日，中国外汇交易中心发布CFETS人民币汇率指数，货币篮子包括了中国外汇交易中心挂牌的13个币种，权重采用考虑转口贸易因素的贸易权重法，价格是人民币对外汇的汇率中间价和交易参考价，基期是2014年12月31日，基期指数是100点。同时，中国外汇交易中心还公布参考BIS货币篮子和参考SDR货币篮子计算的人民币汇率指数。在此基础上，2016年以来，人民币对美元汇率中间价报价加大了参考一篮子货币的力度，初步形成了“收盘汇率+一篮子货币汇率变化”的人民币对美元汇率中间价形成机制，保持了人民币对一篮子货币汇率的基本稳定。其中，“收盘汇率”是指上一交易日16时30分银行间外汇市场人民币对美元收盘汇率，主要反映外汇市场供求状况；“一篮子货币汇率变化”主要是为了保持当日人民币汇率指数与上一日人民币汇率指数相对稳定，做市商在报价时参考篮子货币对中间价的调整幅度。

2016年6月24日，全国外汇市场自律机制成立，并召开了第一次工作会议，标志着中国外汇市场正在形成他律和自律并重的模式。自律机制接受中国人民银行和外汇局的指导和监督管理，主要职责包括：制定工作指引，规范人民币汇率中间价报价行为，制定银行间市场交易行为，指定银行柜台市场交易准则和业务规范，处理市场成员交易纠纷，开展国际合作等。自律机制由银行间外汇市场成员组成，分为核心成员、基础成员和观察成员，其中核心成员共14家，享有自律规则制定权、市场创新先行先试权等，同时也要履行机制建设、协助推动市场发展等义务。自律机制下设三个工作小组，即汇率工作组、银行间市场交易规范工作组、外汇和跨境人民币展业工作组。2017年4月14日，外汇市场指导委员会成立，由管理部门、市场参与机构、自律机制秘书长、专家等组成。主要职责包括：就外汇市场改革与发展的总体方向提出建议，就外汇市场自律机制年度工作计划和重点工作内容等提出建议，指导外汇市场自律机制重大工作，参加全球外汇委员会等。

2017年以来，外汇市场自律机制汇率工作组不断完善人民币汇率中间价报价机制。2017年2月，将中间价对一篮子货币的参考时段由报价前24小时调整为前一日收盘后到报价前的15小时，从而避免了交易时间内美元汇率的变化在下一个交易日中间价报价过程中被重复考虑。2017 年 5 月，将中间价报价模型由原来的“收盘价 + 一篮子货币汇率变化”调整为“收盘价 + 一篮子货币汇率变化 + 逆周期因子”，其中的逆周期因子主要反映宏观经济等基本面对汇率的影响。逆周期因子的引入有助于缓解市场非理性预期对汇率的影响，避免汇率市场的顺周期性。逆周期因子的调整由各报价行根据经济基本面变化、外汇市场顺周期程度等自行设定。

（三）外汇管理改革

1994 年 3 月，中国人民银行印发了《结汇、售汇及付汇管理暂行规定》（中国人民银行令 1994 年第 3 号），促进了人民币经常项目有条件可兑换，1996 年 6 月，进一步修订为《结汇、售汇及付汇管理规定》（银发［1996］210 号），保障了人民币经常项目可兑换。1996 年 11 月 27 日，中国人民银行正式致函国际货币基金组织，宣布我国不再适用国际货币基金组织协定第十四条第 2 款的过渡性安排，从 1996 年 12 月 1 日起接受协定第八条款，实现人民币经常项目下可兑换。1997 年 1 月，国务院对《外汇管理条例》进行了修改，明确国家对经常项目对外支付和转移不予限制。至此，我国实现了人民币经常项目可兑换，但资本项目仍没有完全放开。提高贸易便利化，推进人民币资本项目可兑换，成为外汇管理改革的主要方向。同时，因为跨境资本流动，尤其是短期资本的大规模跨境流动容易诱发金融风险，所以在推改革的过程中还需要防范金融风险。

首先来看货物贸易的外汇管理改革。进口付汇核销是核对进口单位对外付汇金额与货物进口，出口收汇核销是核对出口货物与外汇收回境内金额。1990 年 12 月，外汇局印发了《出口收汇核销管理办法》，标志着我国出口收汇核销制度的建立，1995 年

6月，印发的《出口收汇核销管理办法补充规定》（汇传［1995］13号）使出口收汇核销管理与出口退税管理挂钩，强化部门协调监管。1994年7月，外汇局印发了《进口付汇核销管理暂行办法》，标志着我国进口付汇核销制度的建立，1997年1月，印发的《贸易进口付汇核销监管暂行办法》（汇国发［1997］1号），将进口付汇核销监管职能从银行移交外汇局，1998年6月，印发的《进口付汇核销贸易真实性审核规定》（汇国函［1998］199号），部分付汇类别由外汇局事前审核其贸易真实性。至此，我国形成了企业进出口货物流与资金流逐笔对应、现场核销的管理制度，对打击逃汇、遏制走私、防范出口骗税起到了积极作用。但是，随着我国对外贸易规模的增长、贸易方式和贸易主体的多样化，逐笔核销管理方式难以适应，推进贸易便利化势在必行。出口收汇核销方面，2001年11月，外汇局印发了《出口收汇差额核销操作规程》（汇发［2001］184号），对符合条件的企业实行差额核销。2003年8月，外汇局修订了《出口收汇核销管理办法》（汇发［2003］91号），对出口单位的出口收汇核销实行分类管理，在逐笔核销基础上，引入了批次核销和自动核销。进口付汇核销方面，2004年12月，外汇局印发了《进口付汇差额核销管理办法》（汇发［2004］116号），2005年9月，印发了《进一步简化贸易进口付汇及核销手续有关问题的通知》（汇发［2005］67号）。

2010年4月和10月，外汇局分别印发了《关于实施进口付汇核销制度改革试点有关问题的通知》（汇发［2010］14号）和《关于实施进口付汇核销制度改革有关问题的通知》（汇发［2010］57号），实施进口付汇核销制度改革，大部分进口企业的正常付汇业务无须办理核销手续。2011年12月，外汇局联合海关总署、国家税务总局印发了《关于货物贸易外汇管理制度改革试点的公告》（外汇局公告 2011 年第 2 号），在全国 7 个省、市开展改革试点，2012 年 6 月的《关于货物贸易外汇管理制度改革的公告》（外汇局公告 2012 年第 1 号），将试点工作推广至全国范围，取消了进出口收付汇核销制度。作为进出口收付汇核销制度的替代，外汇局印发了《关于印发货物贸易外汇管理法规有关问题的通知》（汇发［2012］38 号），对货物贸易外汇管理相关法规进行了整合，制定了货物贸易外汇管理指引、实施细则、操作规程等。2012 年 8 月 1 日起，停止了贸易收付汇核查系统、贸易信贷登记管理系统、出口收结汇联网核查系统、中国电子口岸—出口收汇系统等。与此同时，上线货物贸易外汇监测系统，非现场总量检测企业的进出口货物流与资金流，筛选存在异常的企业，实施严格监管，大部分合规企业则能够享受货物贸易外汇收支的便利。

再来看服务贸易的外汇管理改革。1994 年 3 月，中国人民银行印发《结汇、售汇及付汇管理暂行规定》（中国人民银行令 1994 年第 3 号）以来，我国逐步形成了以事前真实性、合规性审核为主的服务贸易外汇管理制度。随着我国服务贸易的迅速发展、贸易方式和贸易主体的多样化，原有管理方式已经难以适应。为此，推进贸易投资便利化的改革陆续推出。2013 年 7 月，外汇局印发了《关于印发服务贸易外汇管理法规的通知》（汇发［2013］30 号），取消服务贸易付汇核准，对原有法规文件进行整合，制定服务贸易外汇管理指引和实施细则，服务贸易改革取得突破。具体来看：一是取消服务贸易付汇核准，境内机构和个人所有服务贸易外汇支付业务均可在金融机构直接办理。二是金融机构对单笔等值 5 万美元以下的服务贸易收付汇业务，原则上可不审核交易单证，抓大放小，提高外汇管理效率，降低社会成本。三是放宽服务贸易外汇收入境外存放条件。四是加强服务贸易外汇资金流入流出的双向监测，建立非现场监管体系，强化事后管理。

经常项目外汇收入强制结售汇制度针对的是外汇短缺情况，随着我国外汇储备的不断增长，强制结售汇制度逐渐失去了存在基础。人民币实现经常项目可兑换之初，虽然解除了经常项目对外支付的限制，但企业外汇收入原则上仍需要卖给外汇指定银行。改革的切入点是外汇结算账户的开立。2001 年 11 月，外汇局印发了《中资企业外汇结算账户管理实施细则》（汇发［2001］184 号），放宽中资企业外汇结算账户开立标准。2002 年 9 月，外汇局印发了《关于进一步调整经常项目外汇账户管理政策有关问题的通知》（汇发［2002］87 号），进一步明确，凡有外贸经营权或经常项目外汇收入的企业，均可以开立经常项目外汇账户，经常项目外汇账户限额统一为上年度经常项目外汇收入的 20%。2006 年 4 月，外汇局印发了《关于调整经常项目外汇管理政策的通知》（汇发［2006］19 号），取消了经常项目外汇账户开户事前审批。经常项目外汇账户限额方面，经过三次提高后，2007 年 8 月，外汇局印发了《关于境内机构自行保留经常项目外汇收入的通知》（汇发［2007］49 号），取消对境内机构经常项目外汇账户的限额管理，境内机构可根据经营需要自行保留其经常项目外汇收入。2008 年 8 月，国务院修订了《外汇管理条例》（国务院令 2008 年第 532 号），明确经常项目外汇收入，可以按规定保留或卖给银行，经常项目外汇收入强制结售汇制度取消。

直接投资、证券投资、跨境融资是我国资本项目外汇管理的三个重点领域。直接投资外汇管理 2015 年取得了突破，2 月，外汇局印发了《关于进一步简化和改进直接投资外汇管理政策的通知》（汇发［2015］13 号），主要包括：取消境内外直接投资的外汇登记核准，由银行按照操作指引直接审核办理相关外汇登记；简化境内直接投资项下外国投资者出资确认登记管理；取消了境外再投资外汇备案；取消了直接投资外汇年检，改为实行存量权益登记。2015 年 3 月，外汇局印发了《关于改革外商投资企业外汇资本金结汇管理方式的通知》（汇发［2015］19 号），外商投资企业外汇资本金实行完全意愿结汇，企业可自由选择资本金结汇时机，同时对资本金使用实施负面清单管理。至此，我国直接投资外汇管理实现了基本可兑换。

证券投资对外开放始于证券市场的境内上市外资股（简称 B 股），是由境内企业在沪深股市发行，以人民币标明面值，以外币买卖的股票。我国发展 B 股的初衷，是以股票的形式吸引外资。1991 年 11 月，上海真空电子器件公司成为第一家上市企业，标志着我国 B 股市场的启动。1995 年 12 月，在上海和深圳地方性法规基础上，国务院印发了《关于股份有限公司境内上市外资股的规定》（国务院令 1995 年第 189 号），2001 年 2 月，证监会和外汇局联合印发了《关于境内居民个人投资境内上市外资股若干问题的通知》（证监发［2001］22 号），允许境内居民参与 B 股交易，增加了境内外资金通过证券市场流动的渠道。

2002 年，合格境外机构投资者（Qualified Foreign Institutional Investors，简称 QFII）境外证券投资试点出台，外汇局为配合相关工作，分别与 2002 年、2009 年、2012 年、2016 年出台了相应的外汇管理规定。合格境内机构投资者（Qualified Domestic Institutional Investors，QDII）方面，为配合商业银行开办代客境外理财业务和合格境内机构投资者境外证券投资试点，外汇局分别于 2006 年、2009 年、2013 年出台了相应的外汇管理规定。2015 年 11 月，为配合证监会内地与香港基金互认安排，中国人民银行联合外汇局印发了《内地与香港证券投资基金跨境发行销售资金管理操作指引》（中国人民银行公告2015年第36号）。2016年5月，为配合中国人民银行境外机构投资者投资银行间债券市场，外汇局印发了《关于境外机构投资者投资银行间债券市场有关外汇管理问题的通知》（汇发［2016］12号）。

跨境融资的突破口是跨国公司外汇资金集中运营制度。2004年10月，外汇局印发了《关于跨国公司外汇资金内部运营管理有关问题的通知》（汇发［2004］104号），以跨国公司为突破口，方便境内成员公司与境外成员公司之间的外汇资金拆放。2014年4月，外汇局印发了《跨国公司外汇资金集中运营管理规定（试行）》（汇发［2014］23号），2015年8月，修订为《跨国公司外汇资金集中运营管理规定》（汇发［2015］36号）。跨境融资的另一个突破是全口径跨境融资宏观审慎管理制度。在总结前期试点经验的基础上，2016年1月，中国人民银行印发了《关于扩大全口径跨境融资宏观审慎管理试点的通知》（银发［2016］18号），决定对注册在上海、天津、广东、福建四个自贸区内的企业和27家银行类金融机构实施全口径跨境融资宏观审慎管理试点。2016年5月，将试点扩大至全国范围，2017年1月，对政策进行了进一步完善。全口径跨境融资宏观审慎管理制度，建立了宏观审慎规则下基于微观主体资本或净资产的跨境融资约束机制，要求企业和金融机构开展跨境融资风险加权余额，不得超过利用企业净资产和金融机构资本调整得到的上限。中央银行根据逆周期调控和防范金融风险的需要，对相关参数进行总量调整，必要时采取征收风险准备金等措施。在此约束机制下，外债管理不再实行事前审批，企业改为事前签约备案，金融机构改为事后备案。

（四）人民币国际化

2003年11月，中国人民银行发布公告（2003年第16号），为在中国香港地区办理个人人民币存款、兑换、银行卡和汇款业务的银行提供清算安排。12月，中国银行香港成为首家境外人民币清算行，为开办个人人民币业务的香港银行提供清算服务。2006年3月，中国银行香港推出香港人民币交收系统和人民币支票清算服务，2007年6月，推出人民币债券清算服务。2004年4月，中国银行澳门分行成为澳门地区人民币清算行。但此时的境外人民币业务还没有拓展至贸易和投资领域，也没有走向储备货币，并不能称为真正的人民币国际化。

2008年全球金融危机之后，美元、欧元等国际贸易主要结算货币汇率都出现了大幅波动，国际贸易和融资受到较大冲击，对国际贸易产生了不利影响。此时，我国企业使用人民币进行计价和结算的意愿不断增强。2008年底，国务院常务会议决定在部分地区进行货物贸易人民币结算试点，开启了人民币国际化序幕。2009年4月，国务院常务会议决定在上海市和广东省广州、深圳、珠海、东莞四城市开展跨境贸易人民币结算试点。2009年7月，中国人民银行、财政部、商务部、海关总署、税务总局、银监会六部委联合印发了《跨境贸易人民币结算试点管理办法》（中国人民银行公告2009年第10号），中国人民银行又印发了《跨境贸易人民币结算试点管理办法实施细则》（银发［2009］212号），随后试点工作正式启动。其中的清算安排为：一是可以通过中国港澳地区人民币业务清算行进行；二是由试点地区境内结算银行进行；三是试点地区境内代理银行与境外参加银行签订人民币代理结算协议，代理境外参加银行进行跨境贸易人民币支付。随后，试点工作不断扩大，2012年6月起境内所有从事经常项目的企业均可选择人民币计价结算。

2010 年 8 月，中国人民银行印发了《关于境外人民币清算行等三类机构运用人民币投资银行间债券市场试点有关事宜的通知》，打开了境外人民币资金投资境内金融市场的渠道，以证券投资为突破口，开启了资本项目跨境人民币业务。2011 年 12 月，我国建立了人民币合格境外机构投资者（RMB Qualified Foreign Institutional Investors，RQFII）制度，2014 年 11 月，建立了人民币合格境内机构投资者（RMB Qualified Domestic Institutional Investors，RQDII）制度，境内资金获准投资境外金融市场人民币计价产品。2014 年 11 月、2016 年 12 月、2017 年 7 月，沪港股票市场、深港股票市场、内地与香港债券市场交易互联互通机制分别启动。2011 年 1 月，中国人民银行印发了《境外直接投资人民币结算试点管理办法》，开启了资本项下跨境直接投资人民币业务，11 月，扩展至外商直接投资领域，2014 年 11 月，启动跨国企业集团跨境双向人民币资金池业务。2011 年 10 月，中国人民银行印发了《关于境内银行业金融机构境外项目人民币贷款的指导意见》，开启了资本项下跨境融资人民币业务。

境外存在一定的人民币流动性，是跨境贸易和投资人民币业务开展的前提。2009 年初，中国人民银行陆续与 6 个国家和地区的中央银行或货币当局签署了双边本币互换协议，为随后的跨境贸易人民币结算试点工作创造了有利的外部条件。随后，双边本币互换工作不断推进，截至 2017 年 7 月末，中国人民银行已与 36 个国家和地区的中央银行或货币当局签署了双边本币互换协议。2016 年 10 月，人民币正式纳入国际货币基金组织特别提款权（Special Drawing Right，SDR）货币篮子，权重为 10.92%，位列第三。人民币加入 SDR，是人民币国际化的重要里程碑，人民币储备货币地位逐渐上升。截至 2017 年上半年，已经有 60

多个国家和地区将人民币纳入外汇储备。

熊猫债券，即境外机构在境内发行的人民币债券。2005 年 2 月，中国人民银行、财政部、发改委、证监会四部委联合印发了《国际开发机构人民币债券发行管理暂行办法》（中国人民银行公告 2005 年第 5 号），成为熊猫债券的开端，其中明确资金用于境内项目，不得转移至境外。2005 年 10 月，国际金融公司（International Finance Corporation，IFC）和亚洲开发银行（Asian Development Bank，ADB）首先发行了熊猫债，发行额分别为 11.3 亿元和 10 亿元。2010 年 9 月，中国人民银行等四部委修订了《国际开发机构人民币债券发行管理暂行办法》（中国人民银行公告 2010 年第 10 号），放宽了所筹集资金使用限制，可以按有关规定直接汇出境外使用或购汇后汇出境外使用。2014 年 9 月，中国人民银行办公厅印发了《关于境外机构在境内发行人民币债务融资工具跨境人民币结算有关事宜的通知》（银办发［2014］221 号），启动了境外非金融企业在境内银行间债券市场发行人民币债券的跨境结算服务。2016 年 8 月，木兰债，以 SDR 计价、人民币结算的债券正式推出，世界银行成功发行了 20 亿 SDR 木兰券。2007 年 7 月，国家开发银行在中国香港发行了人民币债券，开启了离岸人民币债券业务。2009 年 9 月，财政部首次在中国香港发行了 60 亿元人民币国债，2010 年 7 月，合和公路在中国香港发行了 13.8 亿元人民币债券，成为首只非金融企业离岸人民币债券。随后，伦敦、新加坡等其他离岸人民币债券市场也相继启动。

人民币国际化的开展需要有相关的基础设施保障，包括人民币清算行安排、人民币跨境支付系统、人民币跨境现钞调运等。2003 年 12 月，中国银行香港成为首家境外人民币清算行，截至 2016 年末，中国人民银行已经在 23 个国家和地区建立了人民币清算安排。境外人民币清算行在保障当地人民币流动性，保障当地人民币现钞供应等方面发挥了积极作用。人民币跨境支付系统（Cross - border Interbank Payment System，CIPS）是中国人民银行2012年开始推动建设的，目的是提高人民币清算效率，确保人民币支付业务安全。2015年10月，CIPS（一期）在上海上线运行，采用实时全额结算方式，主要服务于跨境贸易、直接投资、融资、个人汇款等业务。2016年7月，7家境内中外资银行和中国银行香港成为首批CIPS直接参与者。2007年，中国银行香港代保管库启用，成为首个境外人民币现钞代保管库。

二、资本项目管理现状

1997年，我国实现了人民币经常项目下可兑换，具体来说，是接受国际货币基金组织协定的第八条款，包括不限制经常性支付、不采取歧视性货币做法、外国通过经常项目持有的本国货币可兑换（Convertibility）、向IMF提供信息等。随后，人民币资本项目下可兑换成为我国外汇管理改革的重点。人民币资本项目下可兑换，关注的仅是汇兑环节，并没有涉及交易环节，也就是说，即使实现了资本项目下可兑换，甚至是资本项目下自由兑换，在资本项目交易环节仍然可能存在一些限制措施。从我国政府机构管理职能分配来看，外汇局仅负责管理资本项目下的汇兑环节，资本项目交易环节的管理职能则由多个部门分别负责，包括发改委、商务部、证监会等。由此，人民币资本项目下可兑换，是介于资本项目管制（Control）和资本项目交易自由化（Liberalization）之间的一个阶段。我国对资本管制的解释，与国际货币基金组织的解释之间，是存在一些差异的。我们认为，只要实现了人民币资本项目下可兑换，就算是解除了资本管制，而国际货币基金组织则认为，只有实现了资本项目交易自由化，才算是解除了资本管制。

根据国际货币基金组织发布的《汇兑安排与汇兑限制年报》①，资本管制包括：（1）禁止；（2）需要事先批准、授权和通知；（3）双重汇率制或多重汇率制；（4）歧视性税收；（5）准备金缴纳或利息惩罚。只有完全排除上述各种行为，才算是解除了资本管制。2016 年版的《汇兑安排与汇兑限制年报》将资本项目细分为 7 个部分、11 个大项、16 个中项和 40 个小项。在 11 个大项的评估中，我国仅有一个大项，即信贷业务，是不存在资本管制的。从其他国家的情况来看，美国和德国均有 7 个大项存在资本管制，英国有 5 个大项存在资本管制，日本仅有 2 个大项存在资本管制。

上述方法对解除资本管制的界定过于严格，国际货币基金组织工作论文在构建资本管制指数时也进行了放松②。国际货币基金组织资本管制指数的原始信息来自《汇兑安排与汇兑限制年报》，选取了 11 个大项中的 10 个，不包含“个人资本交易”项目，共 32 个小项。逐一评估每一个国家每年每一个项目是否存在资本管制，评估结论仅包括“存在管制”（计为 1）和“不存在管制”（计为 0）两种。将 32 个评估结果进行汇总得到资本管制指数，其介于 0 和 1 之间，越大说明资本管制程度越高。同

① IMF, 2016, Annual Report on Exchange Arrangements and Exchange Restrictions, IMF.

② Schindler, M., 2009, Measuring Financial Integration: A New Data Set, IMF Staff Papers, Vol. 56, No. 1. Fernández A., Klein M. W., Rebucci A., Schindler M., and Uribe M., 2015, “Capital Control Measures: A New Dataset”, IMF Working Paper, WP/15/80.

时，计算每个国家在所选定的时间区间内评估结果为“存在管制”的占比，据此，将该国家归类为开放（Open）、部分开放（Gate）或存在壁垒（Walls）。

对于如何评估每个项目是否存在资本管制，国际货币基金组织工作论文给出如下规则。第一，国际货币基金组织《汇兑安排与汇兑限制年报》中，每一个项目下会有结论和详细叙述信息两项内容。如果详细叙述信息为空时，以其结论为准；如果有详细叙述信息，则以此为基础进行判断。第二，如果详细叙述信息中明确要求资本项目交易需要授权、批准、许可时，则判定该项目存在资本管制；如果仅要求报告、登记、通知时，判定不存在资本管制。第三，数量限制是资本管制，即使是出于审慎监管考虑也不例外。第四，处于政治和安全考虑，限制与特定国家之间的资本流动，不属于资本管制。第五，对除金融系统和养老基金外的某一特定行业进行限制，或对防务、安保、中央银行等国家控制的领域进行限制，不属于资本管制。但是，如果限制没有指明特定行业，或涵盖多个私营部门为主的行业，则属于资本管制。

2002 年开始，外汇局也定期对我国资本管制情况进行评估，其与国际货币基金组织的上述两种方法存在一定差异。外汇局的评估主要关注汇兑环节，以人民币资本项目下可兑换为最终目标，按照可兑换程度分成可兑换、基本可兑换、部分可兑换和不可兑换四种状态。外汇局评估方法，与国际货币基金组织的方法类似，均以主观判断为基础开展评价。外汇局选取了国际货币基金组织《汇兑安排与汇兑限制年报》全部项目，基础信息来源方面，除参考《汇兑安排与汇兑限制年报》每一个项目下的结论和详细叙述信息外，还考虑了我国相关政策的实时变化。2015 年的评估结果显示，40 个小项中达到部分可兑换及以上水平的已经达到34项，占比85%。

表10－1　　我国资本项目管理情况汇总

项目	项目管理情况
A资本和货币市场工具 A.1资本市场证券 A.1.a股票或参股性质的其他证券 A.1.1非居民境内买卖 A.1.2非居民境内发行 A.1.3居民境外买卖 A.1.4居民境外发行	A.1.1：QFII；RQFII；B股；A股战略投资者；沪港通；深港通 A.1.2：没有限制，但没有案例 A.1.3：QDII；RQDII；保险公司投资境外市场；企业回购境外发行的股票；沪港通；深港通 A.1.4：需证监会批准
A.1.b债券或其他债务性证券 A.1.5非居民境内买卖 A.1.6非居民境内发行 A.1.7居民境外买卖 A.1.8居民境外发行	A.1.5：QFII；RQFII；债券通；境外央行、国际金融组织、主权财富基金运用人民币投资银行间债券市场；境外金融机构投资银行间债券市场 A.1.6：国际开发机构熊猫债、木兰债 A.1.7：QDII；RQDII；银行、证券公司、保险公司投资境外市场 A.1.8：发改委备案登记制，人民银行实行全口径跨境融资宏观审慎管理
A.2货币市场工具 A.2.9非居民境内买卖 A.2.10非居民境内发行 A.2.11居民境外买卖 A.2.12居民境外发行	A.2.9：QFII；RQFII A.2.10：禁止 A.2.11：QDII；RQDII A.2.12：人民银行实行全口径跨境融资宏观审慎管理

续表

项目	项目管理情况
A.3 集合投资证券 A.3.13 非居民境内买卖 A.3.14 非居民境内发行 A.3.15 居民境外买卖 A.3.16 居民境外发行	A.3.13：QFII；RQFII A.3.14：基金互认 A.3.15：QDII；RQDII；保险公司境外投资 A.3.16：基金互认；人民银行实行全口径跨境融资宏观审慎管理
B.4 衍生品及其他工具 B.4.17 非居民境内买卖 B.4.18 非居民境内发行 B.4.19 居民境外买卖 B.4.20 居民境外发行	B.4.17：境外央行、国际金融组织、主权财富基金运用人民币投资银行间市场 B.4.18：禁止 B.4.19：银行、证券公司、保险公司监管下境外买卖 B.4.20：禁止
C 信贷业务 C.5 商业信贷 C.5.21 居民向非居民 C.5.22 非居民向居民	C.5.21：人民银行实行全口径跨境融资宏观审慎管理；跨国公司外汇资金集中运营；跨国企业集团跨境人民币资金集中运营 C.5.22：人民银行实行全口径跨境融资宏观审慎管理；跨国公司外汇资金集中运营；跨国企业集团跨境人民币资金集中运营
C.6 金融信贷 C.6.23 居民向非居民 C.6.24 非居民向居民	C.6.23：人民银行实行全口径跨境融资宏观审慎管理；跨国公司外汇资金集中运营；跨国企业集团跨境人民币资金集中运营 C.6.24：人民银行实行全口径跨境融资宏观审慎管理；跨国公司外汇资金集中运营；跨国企业集团跨境人民币资金集中运营
C.7 保证、担保和金融备份工具 C.7.25 居民向非居民 C.7.26 非居民向居民	C.7.25：人民银行实行全口径跨境融资宏观审慎管理 C.7.26：人民银行实行全口径跨境融资宏观审慎管理

续表

项目	项目管理情况
D. 8 直接投资 D. 8. 27 对外直接投资 D. 8. 28 外商直接投资	D. 8. 27：没有限制 D. 8. 28：没有限制
E. 9 直接投资清盘 E. 9. 29 直接投资清盘	E. 9. 29：没有限制
F. 10 不动产交易 F. 10. 30 居民境外购买 F. 10. 31 非居民境内购买 F. 10. 32 非居民境内出售	F. 10. 30：同对外直接投资；保险公司境外投资 F. 10. 31：实际需要和自用原则 F. 10. 32：没有限制
G. 11 个人资本交易 G. 11. a 个人贷款 G. 11. 33 居民向非居民 G. 11. 34 非居民向居民	G. 11. 33：禁止 G. 11. 34：人民银行实行全口径跨境融资宏观审慎管理
G. 11. b 赠予、捐助、继承和遗产 G. 11. 35 居民向非居民 G. 11. 36 非居民向居民	G. 11. 35：没有限制 G. 11. 36：没有限制
G. 11. c 外国移民境外债务结算 G. 11. 37 外国移民境外债务结算	G. 11. 37：没有限制
G. 11. d 个人资产转移 G. 11. 38 我国移民向国外转移 G. 11. 39 外国移民向国内转移	G. 11. 38：须按外汇局要求操作 G. 11. 39：没有限制
G. 11. e 博彩和获奖收入转移 G. 11. 40 博彩和获奖收入转移	G. 11. 40：无明确限制

注：本表资本项目管理情况是作者根据我国现有制度文件进行的总结。

三、银行“走出去”的历程

改革开放后的1979年，中国银行卢森堡分行开业，成为新中国成立以来我国银行业的第一家境外分行。随后，中国银行纽约分行、悉尼分行、巴黎分行、东京分行等相继开业。1997年的赞比亚中国银行和匈牙利代表处，1998年的巴西代表处，分别是我国金融企业首次在非洲、东欧和南美洲设立机构。截至2016年末，中国银行在中国香港设有中国银行香港和香港分行两家银行机构，在中国澳门设有澳门分行和大丰银行，在中国台湾设有台北分行，除此之外，在全球47个国家和地区设有分行、子公司和代表处，境外分支机构数量达到578家。2016年末，中国银行境外银行存贷款规模分别为3 728.32亿美元和3 085.91亿美元，总资产为5.07万亿元，占中国银行总资产的26.1%。2016年，中国银行境外银行利润总额为813.9亿元，利润贡献率为36.3%。中国银行的境外经营规模和盈利能力始终保持国内领先。

中国工商银行是我国另一家国际化经营规模较大的银行。1992年，中国工商银行在新加坡设立代表处，成为中国工商银行国际化经营的开端。截至2016年末，中国工商银行在中国香港设有工银亚洲、香港分行、华商银行三家银行机构，在中国澳门设有工银澳门，除此之外，在全球40个国家和地区设有分行、控股公司和代表处，境外分支机构数量达到412家。2016年末，中国工商银行境外银行贷款1758.71亿美元，存款972.23亿美元，总资产3 064.5亿美元，占比中国工商银行总资产的8.8%。2016年，中国工商银行境外银行利润总额为32.47亿美元，利润贡献率为6.2%。

除中国银行和中国工商银行外，交通银行和中国建设银行也较早地开展了国际化经营。1989年交通银行在纽约设立了代表处，1991年中国建设银行在伦敦设立了代表处。除国有大型银行外，全国性股份制银行等中小型银行也在积极寻求国际化经营，中信银行、中国光大银行、民生银行、招商银行、上海浦东发展银行、兴业银行等均在中国香港设立了分行，2014年1月，富滇银行与老挝外贸银行合资成立了老中银行。国家开发银行也设立了香港分行，以及开罗代表处、莫斯科代表处、里约热内卢代表处、加拉加斯代表处、伦敦代表处、万象代表处等。2016年末，国家开发银行境外贷款余额占比为2.5%。进出口银行也设立了东南非代表处、圣彼得堡代表处、西北非代表处、香港代表处等。

除在境外设立分支机构外，并购也是银行加快开拓境外业务的一种有效方式。境内银行境外并购是从香港和澳门地区开始的。早在1984年，中国银行便开始了境外并购业务，收购了澳门大丰银行50%的股权，2001年，收购中国香港的南洋商业银行和集友银行。1994年，中国建设银行收购中国香港工商银行。1998年，中国工商银行收购西敏寺亚洲证券公司，2000年，收购香港友联银行，2004年，收购香港华比富通银行。随后，并购业务逐步拓展到东南亚、非洲等地区。2006年，中国建设银行收购美国银行（亚洲），中国银行收购新加坡飞机租赁，中国工商银行收购印尼哈利姆银行，2007年，中国工商银行收购南非标准银行20%股权，成为第一大股东。2008年金融危机之后，境内银行开始大量入股境外银行。国家开发银行入股英国巴克莱银行，民生银行入股美国联合银行，招商银行收购永隆银行等。此后，以中国工商银行为代表，通过境外并购，国际业务获得了快速发展。

“走出去”企业不仅需要贷款，对资本金来源同样存在迫切需求。除中投公司、丝路基金等专门机构之外，国家开发银行、进出口银行、中国工商银行等也积极参与股权投资业务，开展投贷联动。国家开发银行利用国开金融和国开证券等专业子公司，设立了中非、中葡、中法、中瑞、中德、中希、中墨、中拉、中阿等对外投资基金。进出口银行也已经初步建立了股权投资平台，包括各国际投资合作基金和担保公司等，积极开展投贷联动，推动国际金融合作模式的多元化。中国工商银行以工银亚洲为平台，设立金融控股公司，开展股权投资业务，2016 年设立了中国—中东欧金融控股公司，并组建相关基金，开展基础设施建设、国际产能合作等领域的投资业务。

据中国银行业协会《中国银行业社会责任报告》显示，截至 2015 年末，境内共有 22 家银行布局境外，共在 59 个国家和地区开设了 1298 家分支机构。其中，大型商业银行境外总资产约为 1.5 万亿美元。

四、银行“走出去”的动力与未来

跟随本土客户步伐，提供多方位服务，是境内银行“走出去”的原始动力。除中国银行在改革开放伊始便探索境外布局外，其他银行国际化经营起步都比较晚，早期发展也非常缓慢。2001 年加入世贸组织后，我国对外开放进程明显加快，外资大量涌入，出口大幅增长，外汇储备快速攀升。本土企业手握大量外汇，萌生了对外投资的想法，具有自主品牌的出口企业面临着境外大量售后服务等需求，存在强烈的“走出去”愿望。在此背景下，境内非金融企业对外直接投资由 2003 年的 28.55 亿美元攀升至 2008 年金融危机时的 418.59 亿美元，年均增长 71.1%。中国香港地区和中国澳门地区是境内企业“走出去”的跳板，同样也成了银行境外布局的突破口和重要区域，中国银行香港和工银亚洲等都是在这一时期发展壮大起来的。

对外工程承包是我国企业“走出去”比较早的模式，改革开放初期便在中东地区承接房屋和桥梁等土建项目的劳务分包。随后，逐步向产业链高端延伸，行业领域扩展到交通运输、电力通讯、石油化工、制造业、矿山等，业务模式扩展到规划、勘探、设计、管理，乃至总承包交钥匙工程。对外工程承包对资金和信贷需求量很大，我国工程承包企业很难获得境外机构认可，对境内金融机构的支持需求迫切，尤其是从劳务分包拓展到工程总承包后，雄厚的资金实力和强大的融资能力，已经成为影响中标的重要因素。境内对外工程承包企业的“走出去”步伐和金融需求，强烈地带动了境内银行的境外布局。

“一带一路”倡议提出之后，基础实施互联互通和产能合作极大地带动了我国企业和对外工程承包“走出去”，国有大型银行也积极在“一带一路”沿线国家布局。截至 2016 年末，中国工商银行在“一带一路”沿线 18 个国家共开设了 127 家分支机构。随着企业和对外工程承包“走出去”，我国境外企业雇用中方员工，对外劳务合作派出劳务都在不断增加，前者 2016 年末为 152.2 万人，后者 2017 年末为 97.9 万人。同时，随着我国居民收入的不断提高，出境旅游、留学等的人数也不断增加，2016 年旅行社组织的出境旅游为 5727.1 万人次，近年来一直保持 20% 左右的增速。我国居民到境外的人数不断增加，相应地带动境外银行服务需求，这也成为境内银行拓展海外业务的动力之一。

在全球配置资源，提高国际化经营能力，与世界接轨，增强国际影响力，是银行“走出去”的更高层次的动力。2005～2006年，中国建设银行、中国银行、中国工商银行陆续完成了不良资产剥离、财政注资、引入战略投资者、股份制改革和最终上市，市场化经营能力大幅提高，资产质量明显改善，为其开展国际化经营奠定了基础。在此之后，三家国有大型银行陆续开展了一系列境外并购活动。随着2008年全球金融危机的爆发，发达国家银行受到了较大冲击，全球银行业出现了大量投资机会，此时，财务指标优良、规模快速扩张、资金雄厚的国有大型银行又陆续开展了一系列股权投资活动，国际化经营能力和国际影响力大幅提高。这一阶段我国银行的“走出去”是在自身实力增强背景下的自发行为，是主动地融入全球金融体系，其动力主要有如下几个方面：

一是开拓市场、扩大业务渠道、提高收益。银行“走出去”可以在拓宽资金来源渠道，寻找成本更低的资金，扩宽资金运用渠道，寻找回报更高的投资机会，充分利用全球不同区域的利率、汇率、监管规则、税收制度之间的差异，提高配置资源效率，获得更高的回报。二是分散风险。世界各地区各国存在不同的经济周期和金融周期，当银行发展到一定规模之后，全球布局是分散风险、获得稳定回报的必然选择。三是提升竞争力。金融业是高度开放的行业，各国金融市场的信息高度透明，在全球市场间快速传递，资金流动远比商品流动灵活得多，即使一个封闭的国家，其金融机构也不可避免地受到外部金融市场的影响。应对全球金融市场冲击，与全球金融机构开展竞争，是金融机构永远无法逃避的。当银行发展到一定规模之后，要想生存和进一步发展，就只能开展国际化经营，融入全球金融体系，熟悉各国规则，吸纳全球优秀人才，提升全球范围内的竞争力。

从外部动力的牵引，到内部动力的推动，我国银行已经开启了“走出去”的步伐。展望未来，改革开放是我国的基本国策，主动参与和推动经济全球化进程是我国新时期的战略部署，所以，未来我国融入世界经济的步伐还将进一步加快。经济要融入世界必然要求金融也要融入世界，未来，银行业“走出去”的步伐不会停歇，同时，一家银行的国际化程度将在很大程度上决定它未来的发展空间。但是，在开拓境外业务的同时，也要注意到相关的风险。2017 年 1 月，银监会便印发了《关于规范银行业服务企业走出去，加强风险防控的指导意见》(银监发［2017］1 号)，要求银行加强国别风险管理，加强合规体系建设，重视环境、社会等风险问题，并提到在完善境外重点国家和地区布局的时候，要做好长期规划，加强前期评估工作，使自身风险管理能力能够承受目标国家和地区的风险挑战。

因此，差异化将成为未来我国银行“走出去”的突出特征。以中国银行、中国工商银行、国家开发银行、进出口银行为代表的第一梯队仍将持续推进国际化经营，国际业务的规模将进一步提高，与我国经济融入世界的程度保持同步，并将以成为具有国际影响力的大型跨国银行作为奋斗目标。规模较大的股份制银行也将在国际化经营中有所作为，跟随自己的核心客户群体，在境外特定金融中心城市设立分支机构，并以此带动特定区域的业务开展。同时，境外代理行业务成本低，灵活性高，风险可控，仍将是股份制银行国际化的重点。城商行、农商行等小型银行实力有限，仍将以国内经营为主，国际业务可以通过国内大型银行进行代理。

政　策　篇

第十一章 监管理念

金融业属于服务业的范畴，其首要功能是实现居民储蓄向企业投资的转化，因此，提高服务效率是金融体系孜孜以求的目标。金融业，是以资金为主要经营对象的行业，资金渗透力强、流动速度快、涉及领域广，负面信息会导致资金流动滚雪球般的迅速放大，不仅会拖垮一家机构，还会殃及池鱼，防控风险是金融体系的永恒话题。平衡效率与风险，既是金融机构经营决策的基础，也是金融监管部门设计制度的出发点。金融机构和金融监管部门，有时可以在如何平衡效率和风险问题上达成一致，有时却难以达成一致，当后者情况发生时，矛盾便产生了。弥合矛盾需要高度的智慧，既需要金融理论的发展，也需要实际操作中巧妙的制度设计。当缺少这种智慧时，矛盾的弥合则需要付出代价，有时代价很小，有时却很大，如 20 世纪 30 年代的“大萧条”和 2008 年的全球金融危机。

一、全球金融危机与影子银行

2008 年全球金融危机已经过去 9 年，世界经济仍然在后危机时代的泥潭中无法自拔，微弱的复苏之光时隐时现，世界经济的全面复苏遥遥无期。全球金融危机对世界经济的影响深远，堪比 20 世纪 30 年代的“大萧条”。影子银行的概念是 2008 年全球金融危机之后提出来的，被认为是导致危机的罪魁祸首，这一理念影响了金融危机后的国际经济金融治理框架改革。

（一）全球金融危机及其影响

2007 年，美国房地产价格快速回落，次级抵押贷款市场危机开始显现，波及众多次级抵押贷款公司和投资基金。随后的 1 年时间里，情况并没有得到好转，次贷危机通过担保债务凭证（Collateralized Debt Obligation，CDO）和信用违约互换（Credit Default Swap，CDS）等金融产品，继续蔓延至投资银行、保险公司等更大的金融机构。2008 年 9 月，雷曼兄弟公司申请破产保护，其拥有的大量头寸无法履约，金融机构间交叉风险迅速扩散，影响程度远超想象，全球金融危机爆发。

全球金融危机对发达经济体金融体系产生了巨大的破坏力，并对世界宏观经济产生了巨大冲击，各国政府不得不积极采取救助措施，防止危机演变成 20 世纪 30 年代“大萧条”一样的灾难，事后证明危机的救助成本是巨大的。各国政府的救助包括金融救助和财政救助两部分。金融救助主要依靠中央银行发挥作用。一是为金融机构提供紧急资金。例如 2008 年 3 月美联储为摩根大通（J. P. Morgan Chase）提供 290 亿美元贷款，支持其收购困境中的贝尔斯登（Bear Stearns）。二是公开市场操作。例如美联储在金融危机期间实施量化宽松政策，扩大公开市场操作力度，购买资产支持证券等。财政救助主要通过财政部门利用国家信用发挥作用。一是直接参与对金融机构的救助。例如美国财政部支持美联储为美国国际集团（American International Group, AIG）提供850亿美元贷款，并由此获得美国国际集团79.9%的股权。三是实施财政扩张政策。例如美联储2008年出台法案减税1 680亿美元，欧盟2008年实施了2 000亿欧元的财政刺激政策。

全球金融危机爆发1年后，希腊宣布其财政赤字与国内生产总值之比超过12%，希腊的主权债务问题开始暴露。随着评级机构下调希腊主权信用评级，希腊主权债务利率上扬，并对欧洲其他高财政赤字国家产生负面溢出效应，欧洲主权债务危机开始蔓延，葡萄牙、意大利、爱尔兰、西班牙等国家相继出现问题。从全球金融危机到欧洲主权债务危机，财政危机与金融危机如影随形。面对全球金融危机，各国政府纷纷推出经济刺激政策，私人部门去杠杆的同时政府部门开始增加杠杆，高福利和低盈余的国家很快便发现债务负担成为不能承受之重。究其根源，发生主权危机的国家自身产业存在结构失衡，全球金融危机冲击下无法具有足够的盈利能力。以希腊为例，旅游业和航运业两大支柱产业均受到了全球金融危机的巨大冲击。

为应对欧洲主权债务危机，欧盟于2010年6月成立了临时性的欧洲金融稳定基金（European Financial Stability Facility, EFSF），在1年时间中，分别向爱尔兰和葡萄牙发放救助资金850亿欧元和780亿欧元。2011年6月，欧盟达成了长久性救助机制，即欧洲稳定机制（European Stability Mechanism, ESM），股本总额达7 000亿欧元。欧洲稳定机制可以采取更加广泛的救助方式，包括提供贷款、在初级市场和二级市场上购买成员国债券、为金融机构的资本重组提供贷款等。在随后的 1 年中，接受欧洲稳定机制救助的包括希腊和西班牙等。2013 年 12 月，爱尔兰成为首个退出欧盟和国际货币基金组织金融援助计划的欧元区国家，历时 4 年的欧债危机逐渐平息。

2008 年全球金融危机及后续的欧洲主权债务危机，对世界经济和国际贸易影响巨大。2007 年的次贷危机对美国经济造成了一定的影响，与美国存在大量金融交易和资金流动的发达经济体也受到波及，从数据来看，2007 年发达经济体 GDP 增速同比下降了 0.3 个百分点。而此时，新兴经济体和发展中国家仍然保持较快的增长势头，2017 年 GDP 增速同比提高了 0.5 个百分点。随着 2008 年全球金融危机的爆发，世界经济迅速降温，2008～2009 年 GDP 累计下跌 5.7 个百分点。随后，各国普遍实施了大规模刺激政策和救助计划，对稳定世界经济产生了积极作用，但效果却随着时间的推移而逐步减弱。接下来的 6 年时间里，世界经济增速持续低迷，直到目前仍然没有看到全面复苏的迹象，2016 年 GDP 增速比危机前低了 2.5 个百分点。

虽然全球金融危机对世界影响是全面的，但仍然可以看到新兴市场和发展中经济体受到了更深远的影响。发达经济体 2015 年 GDP 增速达到了 2.1%，仅比危机前的 2007 年低 0.5 个百分点，即使是受全球金融危机和欧债危机双重影响的欧盟也仅比危机前低 1 个百分点。与之相比，金融危机打破了新兴市场和发展中经济体危机前良好的发展势头，又使其陷入危机后的泥潭无法自拔。2016 年新兴市场和发展中经济体的 GDP 增速为 4.1%，比危机前的 2007 年下跌 4.4 个百分点。2016 年，新兴市场和发展中经济体 GDP 增速比发达经济体 GDP 增速高 2.4 个百分点，而金融危机前的 2007 年则高了 5.9 个百分点。

新兴市场和发展中经济体内部也出现分化。从亚洲国家来看，受到了全球金融危机的剧烈冲击，承受了后危机时代经济的持续低迷，2016 年增速为 6.4%，与危机前相比大幅下跌 4.8 个百分点。但是，6.4% 的增速仍然成为全球经济增长最快的地区。与之相比，其他地区的新兴市场和发展中经济体承受了更大的增长压力。拉丁美洲和加勒比海地区 2010 年以来经济增速下滑速度过快，2016 年已经出现负增长；中东北非地区 2013 以来的增速过于低迷，平均仅为 2.8%；撒哈拉以南非洲地区的经济增速同样经历了过快下滑，2016 年仅为 1.4%。

金融危机前的 20 年里，国际贸易一直是推动世界经济增长的重要力量，国际贸易增速持续高于 GDP 增速，2005 ~ 2007 年，国际贸易增速分别比 GDP 增速高 2.9 个百分点、3.9 个百分点和 2.5 个百分点。金融危机后，国际贸易保护主义抬头，贸易限制措施数量不断增加，反倾销调查事件不断增多，国际贸易增速出现大幅下滑，2015 ~ 2016 年持续低于 GDP 增速，分别为 0.7 个百分点和 0.9 个百分点。2016 年以来，发达经济体的民族主义、民粹主义、孤立主义浪潮迭起，英国脱欧、欧洲移民问题、美国特朗普政府上台以来的保护主义等都对国际贸易产生较大的负面影响。

（二）影子银行概念的提出及其界定

影子银行的概念起源于 2008 年的全球金融危机。在分析全球金融危机时，那些从事于类似银行的业务，但又游离于银行监管体系之外的机构，被认为对于危机的爆发和传播起到了非常重要的作用。到目前为止，关于影子银行，还没有形成一个完整的、被广泛接受的理论体系。从防范风险的角度来看，不同国家所需要关注的重点也不尽相同，所以也很难形成一个系统的、详细的、广泛适用于不同国家的影子银行体系。

在众多研究中，国际机构金融稳定理事会（Financial Stability Board，FSB）的研究成果得到了一定程度的认可。金融稳定理事会对影子银行给出的定义是，正规银行体系之外的信用中介机构和活动①。按照金融稳定理事会的定义，在非银行金融机构中，除保险公司、养老基金、公共金融机构、金融辅助机构外，其他类型金融机构或多或少都存在影子银行业务。这些存在影子银行业务的金融机构包括货币市场基金、金融公司、结构化金融载体机构、对冲基金、其他投资基金、经纪交易商、房地产投资信托或基金、信托公司等。影子银行业务中隐藏的风险，是其被如此重视的原因。银行机构之所以被严格监管，是因为其经营的高风险性，其风险主要来源于期限错配、流动性错配、信用风险承担、高杠杆等。影子银行同样存在上述风险的一项或多项，同时影子银行与银行机构之间、影子银行彼此之间也存在诸多业务联系，导致金融交叉风险和风险溢出效应的存在。

通过分析影子银行金融风险的本质，金融稳定理事会根据影子银行的经济功能划分为五类②。其中某一经济功能类中可以包括不同类型的非银行金融机构，同时某一类型的非银行金融机构也可以归属于多个经济功能类：

一是发挥集合投资功能。这类机构的特点是将一个或多个投资者的资金进行归集后代为投资。这类机构在很多情况下可以起到稳定金融市场的作用，例如作为机构投资者，对金融市场或被投资企业的经营波动等情况的容忍程度较高。但是，在某些情况

① IMF. Shadow Banking: Scoping the Issues. A Background Note of the Financial Stability Board, April 2011.

② IMF. Strengthening Oversight and Regulation of Shadow Banking. Policy Framework for Strengthening Oversight and Regulation of Shadow Banking Entities, August 2013.

下，这类机构将会由于流动性错配等原因造成经营的脆弱性。例如，这类机构可能面临投资者在短期内的大量赎回要求，或者在投资者展期时面临风险。当某一机构出现上述流动性风险时，便需要在金融市场中出售流动性较高的资产，从而对金融市场和其他机构造成进一步影响。

二是资金来源受限的放贷。这类机构的特点是在银行机构无法完全覆盖的领域内从事放贷活动，同时其资金来源比较受限，例如期限较短、依靠批发融资、来源于母公司等。这类机构主要还是承担类似于银行机构的期限错配、流动性错配、信用风险承担、高杠杆等风险，使得其抵御风险的能力较差。例如，这类机构中有一部分是专注于某一领域开展业务的，比如汽车信贷、船舶信贷等，那么当特定行业处于经济周期下行阶段时，其风险暴露程度便会提高，同时假如其资金来源于从事该行业的母公司，那么风险将进一步提高。再如，对于小额贷款公司等风险承受能力较弱的机构，其贷款客户集中度通常较高，在某一主要贷款客户出现信用风险的情况下，其风险暴露的可能性将大幅上升。

三是基于融资的经纪业务。这类机构的特点是从事做市商性质的经纪业务，其资金来源为短期资金，例如大额存单和银行短期融资，或者利用代持的客户资产，通过回购等操作进行融资等。这类机构主要承担的是流动性错配和高杠杆风险。例如，这类机构利用代持的多头客户的证券进行抵押融资，来覆盖空头客户的头寸。

四是促进信用创造。这类机构的特点是通过提供增信、担保等方式促进银行机构的放贷活动，或促进金融机构投资债券、资产证券化产品等类型的金融产品，从而成为整个信用创造链条中的一环。这类机构主要承担信用风险，其对金融体系的影响包括两个方面。一方面，这类机构的参与使得信用创造过程中的杠杆率得以上升。另一方面，这类机构的参与放大了信贷周期的波动幅度，也就是在信用扩张周期，由于这类机构的增信和担保等功能，使得银行等机构更积极地从事放贷等信用创造活动，而在信用收缩周期，由于这类机构的退出，银行等机构的信用创造规模会下降得更多。

五是实施资产证券化。这类机构的特点是利用长期、流动性差的资产的现金流做支持，设立标准化、高流动性的金融产品，在金融市场或通过其他方式进行发售。这类机构主要承担期限错配、流动性错配风险。同时，资产证券化业务对金融市场的影响是抬高了其他金融机构的杠杆率。

（三）我国的影子银行

通过上述介绍可以看出，金融稳定理事会给出的影子银行的范围非常宽泛，包括了众多金融机构和金融业务，也由此造成了不同国家影子银行的结构差距很大。从防范风险的角度来看，不同国家所需要关注的重点机构和重点业务也不尽相同。对于我国来讲，与发达国家相比，我国金融机构和金融业务的发展还相对滞后，这一方面通过降低金融复杂度降低了金融风险，另一方面也由于金融服务提供的不足和金融业务的过度集中导致金融风险的集中。所以，在分析我国影子银行问题时，需要从我国的实际国情出发来具体分析。

目前，国内对影子银行概念的界定主要有两种，其一是以实体经济从银行机构的融资为出发点，将银行的表外融资业务看作影子银行，其中主要包括委托贷款、承兑汇票等。按照《中国金融稳定报告（2017）》的披露，2016 年末，银行业金融机构表外业务余额 253.52 万亿元，其中包含了托管资产表外部分，表外资产规模相当于表内总资产规模的 109.2%，比 2015 年末提高 12 个百分点。分类型来看，金融资产服务类规模最大，为 164.63 万亿元，占比 64.9%，担保类和承诺类分别为 19.03 万亿元和 16.08 万亿元，占比分别为 7.5% 和 6.3%。另一种则与金融稳定理事会的研究类似，认为影子银行是那些非银行机构，其业务所发挥的作用与银行类似。

从风险的角度来分析，仅将银行表外业务看作影子银行是不全面的，非银行金融机构所存在的风险可能远大于银行，同时这类风险又可以通过溢出效应传染给银行，所以需要更加引起重视。同时，银行的表外业务也需要进行区分，例如银行理财产品的功能更接近于集合投资。参考金融稳定理事会的影子银行分类标准，增加银行相关表外业务，可以将我国影子银行分为四大类：

第一类是资产管理行业。资产管理行业的业务特点是代客理财，该行业的行为主体非常多，业务种类非常广泛。从金融机构类型来看，资产管理行业包括银行、信托公司、证券公司、基金管理公司、基金管理公司从事特定客户资产管理业务的子公司、期货公司、保险公司、私募基金等。第二类是非银行放贷机构。非银行放贷机构中既包括部分银行业非存款类金融机构，如集团财务公司、金融租赁公司、汽车金融公司、消费金融公司等，也包括了一些近年来兴起的金融机构，如小额贷款公司、个体网络借贷平台等。第三类是增信机构。增信机构的业务主要包括融资担保公司的融资担保业务，保险公司的信用保险业务，以及保险公司的保证保险业务。第四类是资产证券化。目前我国资产证券化业务主要包括人民银行和银监会主导的信贷资产证券化业务，证监会主导的资产证券化业务，银行间市场交易商协会主导的资产支持票据业务。

另外，金融稳定理事会分类中提到基于融资的经纪业务，我国目前的相关情况是：首先除证券公司的经纪业务外，我国也有专门的货币经纪公司。我国目前有5家货币经纪公司，2016年，货币经纪公司累计撮合完成人民币经纪业务134.67万亿元，外汇经纪业务7.50万亿美元。但是，根据银监会2005年的《货币经纪公司试点管理办法》（银监会令2005年第1号），货币经纪公司及其分公司仅限于向境内外金融机构提供经纪服务，不得从事任何金融产品的自营业务，所以我国的货币经纪公司并不存在基于融资的经纪业务。其次是我国商业银行在外汇、国债、政策性金融债、其他利率债的买卖中充当做市场的功能，证券公司等机构可以作为新三版市场的做市场，但上述做市商的资金来源也需要是自有资金。

二、分业经营与混业经营

影子银行之所以能够发展壮大，与金融机构混业经营的存在密不可分，2008年全球金融危机后，发达经济体开始对混业经营行为进行反思，并着手加强金融监管。我国改革开放后的很长一段时间里，金融机构都在实行混业经营。早期，银行成立了大量信托投资公司，随后，银行和信托公司又大量从事证券业务，交通银行还成立了保险事业部。直到党的十四届三中全会后，国务院印发了《关于金融体制改革的决定》（国发［1993］91号），我国才开始实行分业经营，并一直延续至今。目前，虽然名义上我国还是实行金融业分业经营，但随着金融创新业务的不断出现，分业经营模式已经被逐渐打破，同时，分业经营理念下建立起来的监管模式正在持续受到挑战。

（一）信贷业务与投行业务

分业经营的核心是信贷业务与投行业务的分离。虽然信贷业务和投行业务都是为企业提供融资服务，但两种业务的操作方式并不相同。信贷业务以商业银行作为中介，投资者资金以存款的形式进入银行的资产负债表，形成资金池，商业银行从资金池中提取资金，以贷款的形式为企业进行融资。商业银行承担了投资者存款的偿付责任和企业贷款的信用风险，投资者和企业都与商业银行发生业务往来，而彼此之间没有联系。因此，信贷业务也被称为间接融资。投行业务也需要金融机构作为中介，但此时作为中介的投资银行，其主要任务是为企业设计出股权类或债权类的证券，再通过各种途径将这些证券卖给投资者，投资银行不承担投资者资金的偿付责任，也不承担企业的经营风险和信用风险。虽然投资者与企业之间并不一定存在直接接触，但彼此之间却存在利益关系，投资者承担了企业的经营风险和信用风险，企业承担了投资者资金偿付责任和向投资者分配企业收益的责任。因此，投行业务也被称为直接融资。

正是由于信贷业务与投行业务操作方式的差异，造成了两种业务存在本质不同：一是金融机构的关注重点不同。在信贷业务中，商业银行关注风险重于收益。商业银行利用自身资产负债表资金对企业放贷，承担着企业贷款的信用风险，企业能否按期还款是商业银行最为关注的。商业银行通过吸收存款来发放贷款，依靠负债经营，赚取利差收益，利润多少更多地取决于规模大小，在能够覆盖资金成本的前提下，商业银行不会过度追求高利差。

相比而言，在投行业务中，投资银行关注收益重于风险。投资银行无法像商业银行那样吸收公众存款，负债规模有限，也无法像商业银行那样通过开设大量分支机构来扩大客户量。因此，投资银行无法通过做大规模来提高利润，需要追求单笔业务的利润率。投资银行承销企业证券，并不承担偿付责任和发放未来收益的责任，虽然承销商通常要求在一定期限内持有一定比例的证券，但与商业银行信贷业务相比，风险要小很多。

二是金融机构筛选企业的标准不同。在信贷业务中，商业银行在整个贷款周期内一直承担着风险敞口，所以商业银行需要持续关注企业偿还贷款的能力。企业还款能力取决于企业经营的未来现金流，企业未来现金流又与产品市场前景、成本控制、经营稳健性等具体经营行为相关，这些因素是银行筛选企业的关键，被称为第一还款来源。商业银行在筛选企业时，是从自身角度出发来思考问题，会更加注重观察企业的经营细节，努力找出企业经营存在的风险点，进而加以进行评估。商业银行与企业在信贷业务中更多地体现出对立关系，商业银行在努力发现风险，企业为得到贷款更多时候是在努力隐藏自身风险。

相比而言，在投行业务中，投资银行最为关注的是证券的销售情况。由于投资者很少会对企业进行实地调研，所以投资者是否认可企业发行的证券，更多地取决于企业资产负债表等汇总和处理后的信息。投资银行在筛选企业时，是从投资者的角度出发来思考问题，会更加注重企业信息的可塑造性，不会过分关注企业经营细节，而是要将企业经营情况浓缩成一份能够吸引投资者的报告。投资银行和企业在投行业务中更多地体现出合作关系，两方面都在努力找出企业的亮点，小心粉饰企业的不足，完成对企业的包装。

三是金融机构对员工素质的要求不同。在信贷业务中，商业银行要努力挖掘企业经营中存在的潜在风险，不放过任何一个细节，尽可能全面地评估企业风险情况，减少自身承担意外风险的可能性。这就要求商业银行员工更多地深入企业内部，了解企业运作机制，更多地与企业基层人员进行沟通，既要掌握定量的数据，也要搜集定性的信息。在做好贷前尽职调查的基础上，由于商业银行在整个贷款周期内都在承担企业风险敞口，所以，银行员工还要做好贷后尽职管理，持续保持对企业的跟踪。作为商业银行的员工，不仅需要有一定的金融知识，还需要具备其他专业方面的知识，不仅能够分析数据，还需要勤于了解现实，具备从企业经营现象中发现问题的能力。

相比而言，在投行业务中，投资银行要努力形成一份能够吸引投资者的报告，这就要求投资银行员工要了解企业发展战略和财务状况，更多地与企业高层和财务部门进行沟通。同时，投资银行还要通过路演宣讲将企业证券推销出去，这就要求投资银行员工要密切跟踪金融市场情况，维护好与其他投资银行，以及投资基金、养老基金等金融同业机构之间的关系。投资银行在招聘员工时，更加注重金融知识、写作能力和表达能力等。

（二）协同效应

虽然信贷业务与投行业务存在本质上的不同，但信贷业务、债券业务、股票业务都有各自的优点，都是企业重要的融资方式。具体来看，信贷融资是企业与商业银行一对一的、非公开的业务，对企业来讲具有以下优点：一是企业不需要大范围内披露内部信息，保密性好。二是信贷业务仅涉及两方谈判，效率较高，如果企业与银行已经建立了良好的合作关系，贷款审批效率会更高。三是银行通常会为企业核定一个授信额度，只要在额度范围之内，数量和期限方面的灵活性均较高。四是信贷业务定价模式是在基准利率基础上加点产生，无论是中国人民银行贷款基准利率，还是市场化的贷款基础利率（Loan Prime Rate，LPR），其变动频率都很低，变动幅度也不大，这使得企业融资成本相对稳定。

债券融资需要企业在承销商的帮助下与大量投资者进行沟通，与信贷融资相比，保密性差，每次发行债券的额度是固定的，发行过程需要的时间更久，发行利率随金融市场利率波动，变化更为剧烈，同时还要支付给承销商一笔额外费用。但是，正是因为企业披露了更多的信息，面向更多的投资者，所以融资成本通常要低于信贷融资。虽然有时会出现利率倒挂，但大多数情况下，债券发行利率会低于相同期限、相同信用风险等级的贷款利率。由此，很多企业发行债券的用途之一便是归还成本较高的银行贷款，以实现财务优化。

信贷融资与债券融资都属于债权性融资，股票融资则属于股权性融资，其最突出的优点就是不存在再融资压力，不存在定期利息支出，不会抬高企业资产负债率。股票融资的缺点也非常突出：一是灵活性差。无论是首次公开发行（Initial Public Offerings，IPO）还是再融资都需要漫长的过程。二是成本高。股票融资需要支付给承销商一笔较高的费用，每年的股票分红不能像债权融资利息支出那样计入企业经营成本，不能从企业所得税前扣除，股票融资还会相应地稀释原有股东的股权占比。同时，企业公开发行股票后，便成为公众公司，需要定期披露大量信息，这虽然会降低企业经营策略的保密性，但会提高企业的知名度和声誉，有利于企业建立规范的现代企业制度。当企业具有一定的规模，并且寻求进一步发展的时候，便需要兼顾这三种融资方式，综合考虑融资成本、融资便利性、融资确定性、未来发展等因素，综合运用，实现互补。

企业发展到一定阶段，信贷融资、债券融资和股权融资便可以产生协同效应，企业多样化融资需求为商业银行提供了一个巨大的市场，使得商业银行通过综合经营可以更好地服务客户，信贷业务与投行业务在商业银行经营中也产生了协同效应。这主要表现在：一是降低成本，提高竞争力。金融机构与企业开展业务，需要花大量的时间和人力来了解企业的经营情况、未来发展、财务需求等，企业同样也要为此付出相应成本。如果商业银行能够为企业提供全方位的融资服务，那么就会明显降低商业银行和企业为沟通所付出的成本，也会明显提高商业银行的市场竞争力。二是充分利用现有客户资源。商业银行的重要优势是客户资源丰富，经营现有客户比开拓新客户要容易得多，进一步满足现有客户债券融资和股权融资方面的需求，是扩大业务的方便途径，同时还可以增强商业银行与客户的黏性。

虽然商业银行有一定的动力来综合开展信贷业务与投行业务，但商业银行追求低风险的特质和投资银行以撮合交易为主的特质之间差异太大，所以在进行业务选择时，还是会有一定的限度和侧重。商业银行开展投行业务通常会从财务顾问、债券承销、银团贷款等领域切入开展卖方业务，从货币市场基金、债券基金等领域切入开展买方业务。而商业银行对于股票承销、企业并购等卖方业务，自营股票、股权投资等买方业务等的积极性相对较弱。

（三）我国的现实

我国目前金融业混业经营表现在诸多方面，程度由轻至重列举如下：

一是代理销售。银行利用自身网点广的优势，代理销售基金管理公司、保险公司等的产品，收取一定渠道费。销售人员有些是银行员工，有些是委托机构自己员工。银行与委托机构在代理销售过程中没有发生资金往来，属于低级的混业经营模式。

二是托管业务。银行受投资者委托，接收投资基金、资金信托计划、其他类型资产管理计划的资金，以及证券公司客户交易结算资金等，监督金融机构对托管资金的收支行为，保护投资者权益。托管资金功能明确，专款专用，银行仅按合同规定进行监督，符合合同规定的运用方式，银行不会干预，所以也属于比较低级的混业经营模式。

三是高层次同业合作。除代理销售和托管业务外，银行与非银行金融机构间还会开展同业业务、委托投资等高层次的合作。银行在此类业务中的主动性更强，所使用的会计科目更多，目的也更复杂，包括调整资产负债结构、调整期限结构、提高盈利能力，甚至是规避监管等。2008 年全球金融危机之后，我国这类高层次的同业合作业务发展很快，成为实现影子银行功能的重要途径。

四是通过持股实现混业经营。我国目前有四类机构可以实现这种形式，分别是金融控股集团、产融控股集团、银行集团、非银行集团。仅就银行集团来看，2003 年修改后的《商业银行法》，在商业银行不得投资非银行金融机构后，增加了国家另有规定的除外。此后，大型商业银行逐步开始对基金管理公司、保险公司、信托公司、金融租赁公司、消费金融公司等非银行金融机构进行投资，实现混业经营。银行虽然通过股权控制了非银行金融机构，但两个机构的经营决策和风险管理等仍然由两套组织分别完成，非银行金融机构也有独立的资产负债表，两个机构之间还是存在一定程度的防火墙。与之相比，如下两种模式则是更直接的混业经营，不同类型业务之间的防火墙仅限于组织内部，非常弱。

五是从事资产管理业务。资产管理业务的本质是受人之托，代人理财，信托模式和基金模式是最原始的两种模式，分别由信托公司和基金管理公司开展。2008 年全球金融危机之后，我国资产管理行业实现了爆发式增长，各类业务模式不断涌现，目前银行、证券公司、保险公司等都已经形成了自己的资产管理业务模式。同时，不同金融机构资产管理业务之间大量交叉，成为金融机构同业合作业务的一部分，使影子银行的形式更加复杂。六是债券承销。目前，商业银行通过债券承销涉足投行业务已经非常广泛，其中银行间债券市场企业类债券发行中，商业银行一直是承销主体。

1997 年全国金融工作会议之后，我国逐步建立了金融业分业监管模式。1998 年 4 月，国务院证券委员会、证监会、人民银行证券经营机构监管职能三者合并，成立新的证监会；1998 年 11 月，保监会从中国人民银行分设；2003 年 4 月，中国人民银行银行业金融机构监管职能和中央金融工委合并，成立银监会。至此，我国“一行三会”分业监管模式正式形成。随着金融机构创新业务的不断涌现，分业经营模式被逐渐打破，金融业分业监管模式面临着越来越多的挑战。主要表现如下：

一是无法有效监管金融机构的综合经营。银监会负责监管银行经营，但当银行通过成立子公司的形式开展基金或保险业务时，银监会却无法行使对子公司的监管职能。在无法准确把握银行非银子公司经营风险的情况下，即使银监会对银行开展并表管理，对交叉风险的防控也是有限的。二是无法有效监管金融机构的业务交叉。随着金融机构业务合作的数量增大和方式增多，资金从提供者到使用者的过程中，往往会涉及三四个不同类型、由不同监管部门监管的金融机构，每一个监管部门都无法得到资金链条的全貌，对融资过程监管的有效性大打折扣。三是无法有效监管金融机构的控股股东。银行集团和非银行集团这两种金融混业经营形式，可以受到银监会等金融监管部门的并表管理，但金融监管却无法延伸到金融控股集团和产融控股集团这两种金融混业经营形式中。目前，我国已经出现一部分实际控制人，以不同方式入股，成为多家不同类型金融机构的控股或具有决策权的股东，形成金融机构间潜在交叉风险隐患。此类实际控制人还游离在金融监管框架之外。四是形成大量监管套利空间。这在资产管理行业中表现特别明显。随着资产管理行业的快速发展，各种类型金融机构都已经通过各种形式开展了资产管理业务。根据金融分业监管的职能分工，不同类型金融机构的资产管理业务由不同监管部门监管，监管政策差异很大，造成了监管套利行为的大量出现。

三、机构监管与功能监管

我国的分业监管模式是按照机构来进行划分的，目前正在持续受到金融创新的挑战。改革分业监管模式，适应金融机构综合经营的发展趋势，是我国金融监管体制面临的重要议题。金融机构是多种多样的，金融业务也是多种多样的，金融监管的实施首先面临的便是分类问题，分类既可以从机构的角度出发，又可以从业务的角度出发，前者是机构监管，后者是业务监管。不同分类方法交织在一起，便形成了一张金融监管网，每一个网点都是一个监管关注点，也就是，机构监管下面存在业务监管，业务监管下面也存在机构监管。存在一种情况，让每一个监管关注点都成为一个独立的监管部门，但此时，监管部门将非常多，监管效率会非常低，所以，总是需要对监管关注点进行某种形式的整合和归类，以提高监管效率。

机构监管是从机构的角度对金融体系进行分类，以此为基础，设立不同的监管部门进行监管，例如银行监管机构、证券监管机构、保险监管机构。此时，以某一类型金融机构为主形成的有形市场，也可以纳入此类机构监管范围，如股票市场、期货市场、证券交易所债券市场等可以纳入证券监管机构监管范围，银行间债券市场可以纳入银行监管机构监管范围。机构监管的重心在于金融机构这一主体，同一类型机构所从事的全部业务被归并给一个监管部门。机构监管的重点集中在机构设立审批、经营监管、资产负债表监管、风险控制能力监管等。

机构监管的优点是被监管主体明确，监管实施容易。机构监管是预先将金融机构划分为银行、证券、保险等若干类型，在设立环节进行把控，强制要求机构选择其中一类，并按照监管要求进行组建，由此，金融机构在建立之初便被束缚在监管框架下。机构监管的突出问题是无法避免金融创新引发的监管套利。金融机构是一个市场主体，时刻面对着客户需求的改变、经济环境的变化、法律政策的变化等，金融机构需要根据外部环境的变化来调整经营行为，以实现业务的发展、成本的降低、持续的利润，这就是金融机构的创新过程。金融机构原本的主业可能无法适应外部环境的变化，逐步萎缩，适应外部环境变化的业务则逐步成为主业。金融创新过程中，一类金融机构发展起来的创新业务经常会出现一个现象，就是虽然业务名称不同，但本质上与另一类金融机构的业务相同或相似，从而形成业务重叠。在分业监管框架下，金融机构创新过程中所发展起来的业务，金融监管通常无法快速跟进，而对于被侵入那类金融机构，此类业务则属于传统业务，面对较为严格的监管，由此，业务重叠出现后，新进入机构便存在着制度优势，形成了监管套利。这种监管套利的存在，又会激励金融机构进行更多的金融创新，侵入其他类型金融机构的原有业务领地。虽然可以在制度层面禁止金融创新行为的发生，但金融创新是提高金融效率的源泉，禁止金融创新通常是得不偿失的。由于并没有一种办法能够分清哪些是提高金融效率的金融创新，哪些是追求监管套利的金融创新，所以金融分业监管模式下，金融创新引发的监管套利是无法避免的。

功能监管可以从根本上解决金融创新引发监管套利问题。功能监管是从业务功能的角度对金融体系进行分类，以此为基础，设立不同的监管部门进行监管。例如，资金汇集功能、提供融资功能、支付清算功能、价格发现功能、风险管理功能、解决信息不对称功能等。功能监管的重心在于金融业务，目前所形成的金融机构和金融市场可能会具有多种功能，按照功能监管模式，将有多个监管部门根据其业务开展情况对其进行监管，同时，开展同种业务类型的金融机构将会受到同一监管部门的监管。功能监管的重点集中在业务审批、业务流程监管、业务风险监管等。功能监管的优点是避免监管套利的发生，突出的问题则是监管实施难度较大。不同类型金融机构的所有制形式、组织框架、经营管理方式等会存在较大差异，传统、方便的资产负债表管理、人员岗位设置管理等措施很难实施。同时，金融机构内部不同类型业务间会存在风险交叉传染，仅有功能监管的情况下，这一层面的监管是缺失的。

机构监管和功能监管分别从机构角度和功能角度对金融体系进行划分，在此基础上，建立监管模式。由于机构监管和功能监管在优缺点上存在互补，所以通常放在一起进行比较。除此之外，还存在审慎监管和行为监管的划分形式。审慎监管重心在于防控金融风险，行为监管的重心在于提高金融效率，相应地，金融监管机构可以分为审慎监管局和效率促进局。在此基础上，审慎监管可以进一步划分为宏观审慎监管和微观审慎监管，前者关注整个金融体系的稳定性，监管重点是金融机构的资产负债表，后者关注单个金融机构的稳定性，监管重点是金融机构运营数据和经营行为。同样，行为监管可以进一步划分为促进公平竞争、加强消费者保护、提高金融市场透明度、加强征信建设、打击金融犯罪等。从金融机构的角度来看，审慎监管和行为监管相结合的监管模式，与机构监管模式相比，是加强了金融监管。这是因为，机构监管模式下，金融机构只需要面对一个监管部门，在审慎监管和行为监管相结合的监管模式下，金融机构要面对宏观审慎监管部门、微观审慎监管部门、促进公平竞争部门、消费者保护部门、征信部门、打击金融犯罪部门等多个部门。审慎监管和行为监管相结合的监管模式，是对机构监管模式的细化，通过将特定监管职能分配给特定监管部门，来强化相关领域的监管。

四、加强监管与放松监管

提高服务效率和防范金融风险是金融领域最重要的两个议题。提高服务效率通常能够获得普遍认可，不会引起争议，所以，如何平衡效率与风险，最终便归结为对待金融风险的态度问题。加强监管还是放松监管，是各国金融监管领域持续争论的话题，并随着形势的变化左右摇摆。以美国为例，在20世纪30年代大萧条的影响下，1933年推出了《格拉斯—斯蒂格尔法案(Glass－Steagall Act)》，加强对金融业的监管，确立了商业银行与投资银行分业经营模式。随着经济全球化的推进，金融机构竞争的加剧，美国商业银行开始向投资银行渗透，分业经营模式阻碍了这一进程。1998年，花旗银行与旅行者集团的合并获批，分业经营被打破。1999年，《金融服务现代化法案（Financial Services Modernization Act)》获得通过，在法律层面消除了混业经营的障碍，放松了金融业监管。2007 年前后，美国房地产次贷危机开始不断发酵，最终于 2008 年形成了影响全球的金融危机。在此背景下，美国对金融业的监管再次加强，2010 年，推出了《多德—弗兰克华尔街改革和消费者保护法（Dodd—Frank Wall Street Reform and Consumer Protection Act）》。

我国也有类似的经历。改革开放后，为了推动市场经济的发展，我国实行了比较宽松的金融监管政策。随后，中央部委、地方政府、国有企业、银行分行等纷纷创办信托公司，银行和信托公司纷纷开办证券业务，信托公司和证券公司又纷纷涉足信贷业务，进而造成了乱集资、乱设金融机构、乱办金融业务的“三乱”现象。在此背景下，1993 年，国务院印发了《关于金融体制改革的决定》（国发［1993］91 号），加强了金融业监管，开始了金融业分业经营模式。进入 21 世纪之后，随着我国市场经济的发展，企业出现了综合金融服务的需求，金融机构也出现了综合经营的意愿，虽然没有明确的政策文件，但金融机构综合经营的实践案例越来越多，原有分业经营模式已经名存实亡，金融监管整体上处于放松阶段。例如，2014～2015 年，我国互联网金融行业处于早期蓬勃发展阶段，金融监管原则还没有确定下来，此时，业界和学界普遍认为，应该对新兴业态持包容态度，金融监管要适度，很多金融监管部门也持有适度监管的理念。2016 年以来，网络借贷平台跑路事件大量出现，针对学生的消费贷款引发了很多社会问题，同时，传统金融机构在同业业务、资产管理业务、地方政府融资业务等方面也存在一定的风险隐患。在此背景下，2016 年政府工作报告提出，加快改革完善现代金融监管体制，实现金融风险监管全覆盖，我国步入了加强金融监管的阶段。

那么，对金融风险应该持有什么样的态度呢？首先，必须明确金融业是高风险行业，并且金融风险具有很强的负外部效应，所以，需要时刻保持对金融风险的警惕。具体来看，一是银行、保险公司等都是以负债经营为主。2017 年末，商业银行资产负债率为 92.5%，即使从资本充足率的角度来看，也高达 86.3%，保险公司资产负债率为 88.7%，均显著高于工商企业平均水平。自有资金占比较低，使得金融机构承受损失的能力并不强。二是金融业是经营风险的行业。金融机构的产品是资金，资金的每一次交易都面临着信用风险转换、期限转换或流动性转换等，每一种转换都包含有风险转移，作为收费方的金融机构是风险的承担者。例如，银行吸收公众存款，为企业发放贷款，赚取利差收入，承担企业信用风险，银行通过为企业承担风险而赚取收入。三是金融业交叉风险问题严重。金融机构以资金为经营对象，资金与其他产品相比，渗透力更强、流动速度更快，这使得金融机构间的交易便捷性非常高，规模也非常大。由此带来的问题是负面信息传播速度快，影响会被放大，风险会在更多机构、更大范围内传播，交叉风险问题突出。四是金融机构自身存在从事高风险业务的倾向。企业普遍存在着委托代理问题，金融机构的委托代理问题更严重。银行、保险公司、信托公司、基金管理公司等金融机构的委托方即包括股东，也包括广大投资者，在是否维护广大投资者利益方面，股东的利益与作为代理人的经理层的利益更为一致，所以广大投资者的利益很难得到保护。金融机构委托代理问题不仅存在于决策层，在操作层面也很严重。金融机构的人均总资产很大，同时金融市场为资金提供了很好的流动性，基层操作人员违规操作的利益是巨大的，可以在短期内获得大量收益。因此，历史上金融机构发生过大量造成巨额损失的违规操作事件，例如著名的巴林银行倒闭事件。近年来，我国银行也出现了多起基层员工挪用票据案件。五是金融业与经济社会各方面都息息相关。金融业的覆盖面广，所有企业和几乎所有个人都会在银行开立账户，存入资金，大量企业和个人从银行获得贷款，越来越多的企业和个人购买证券公司、保险公司、信托公司、基金管理公司等的服务。所以，金融机构的风险事件影响范围大，政府通常不会轻易让金融机构破产倒闭，对于大型金融机构更是如此，形成了大而不能倒的问题。综上，重视金融风险是毋庸置疑的，防范金融风险也应该成为金融监管部门最重要的职责。

对于我国来讲，虽然金融风险需要重视，但防范金融风险毕竟不是最终目标。党章明确提出，我国正处于并将长期处于社会主义初级阶段，这是我国的基本国情，在这一基本国情下，必须坚持以经济建设为中心。既然经济建设才是我国当前的最终目标，防范金融风险就要服务于经济建设。具体落实到应该加强金融监管还是放松金融监管这一问题时，我们就需要相机抉择，要具体分析当前国内外经济金融形势，从实际情况出发，判断加强监管和放松监管谁更能够促进我国的经济建设。如果当前金融风险问题比较突出，已经影响到经济建设的稳步推进，那么就需要加强金融监管。如果当前金融机构并不活跃，企业金融需求很难得到满足，那么就需要放松金融监管。具体到金融领域的各项业务，也是同样的道理，当此项金融业务发展较快，风险问题突出时，监管就要适当收紧；当此项金融业务发展缓慢时，监管就要适当放松。

第十二章

建设符合我国国情的金融体系

每个国家的国情不同，发展理念、发展方向、重视的领域也不同。金融业是服务行业，又是机构类型庞杂、业务形式多样、涉及群体众多的行业。所以，没有哪一个金融模式和金融业发展标准是适合于所有国家的，任何一国也不可能完全照搬他国的模式和标准，他国的经验只能作为一个借鉴。处于社会主义初级阶段是我国的基本国情，以经济建设为中心，坚持四项基本原则，坚持改革开放，是我们的基本路线，我国的金融模式和金融业发展方向也要在此基础上进行探索。

一、金融要为实体经济服务

（一）将实体经济作为我国经济发展的基石

要把发展经济的着力点放在实体经济上，

明确鼓励实体经济发展。将制造业作为国民经济的基础。制造业是立国之本、兴国之器、强国之基，没有强大的、具有国际竞争力的制造业，就没有综合国力的提升，也就不可能成为世界强国。大力发展生产性服务业。生产性服务业是保障工业生产连续性的基础，是提高工业生产效率的重要环节，是促进工业技术进步的有力支撑。强大的、具有国际竞争力的工业，需要有大量先进和高效的生产性服务业的支持。重点支持战略性新兴产业发展。信息技术、网络经济、高端装备、新材料、生物产业、新能源、节能环保、数字创意等战略性新兴产业，代表了产业变革的发展方向，是获取未来竞争优势的关键。尤其在目前全球新一轮科技革命渐行渐近的关键时刻，能否在战略性新型产业上取得突破，决定了国家未来的国际竞争力。

（二）有针对性地约束虚拟经济的过度膨胀

面对当前我国资金更多趋向于虚拟经济的现实，要积极采取措施加以约束，将虚拟经济规模控制在合理范围之内，保持虚拟经济与实体经济的匹配。但是，约束虚拟经济不易扩大化，要有针对性，要抓住重点。要明确政策抑制发展的虚拟经济范围，对社会舆论进行引导，减少无谓的争吵，避免舆论压力对其他行业的发展造成影响。根据我国当前“脱实向虚”的表现，充分吸收现有观点后，建议将政策抑制发展的虚拟经济范围界定为：一是对房产和矿产进行炒作的行为；二是过高收益的放贷行为；三是过高回报的资产管理业务；四是金融机构间以逃避监管为目的、大量增加中间交易环节的行为；五是在全国性交易场所之外对股权、债权、大宗商品、艺术品、虚拟货币等进行炒作的行为；六是其他无法提高国家竞争力和综合国力，却会给经济社会带来过高风险隐患的行为。

（三）金融要适应国民经济的发展

随着资产管理业务爆发式增长，金融机构普遍认为大资管时代即将到来，资产管理业务将打破银行类、证券类、保险类金融机构之间的壁垒，形成金融混业经营的新格局。金融业的发展需要与国民经济的发展阶段相适应，我国目前还朝着社会主义现代化国家努力，在建设现代化经济体系的很长一段时间，仍然需要把着力点放在实体经济上，金融业的发展仍然要坚持为实体经济服务。同时，金融是高风险行业，金融业的发展还要与民众的金融知识水平和国家的金融监管能力相适应。从近期金融机构与投资者的众多纠纷中可以看到，我国民众的金融知识水平和对金融风险的认知能力还存在不足。从目前金融机构资产管理产品销售、资金运用等环节中暴露出来的问题可以看到，我国金融监管能力还存在不足。综上所述，当前我国推动金融混业经营还为时尚早，银行、证券公司、保险公司的主业仍将是存贷款业务、经纪投行业务、财产险人身险业务，金融机构仍需要在主业上下功夫，提高金融服务效率，提高竞争力，资产管理业务的定位仅能是主业的有利补充，是为了提高金融机构服务特定客户的能力。

（四）建立金融服务实体经济的信息基础设施

加强社会信用体系建设，提高企业信息和诚信的透明度，降低金融机构与实体企业之间的信息不对称，提高信贷和股权融资的可获得性。搭建小微企业信息共享平台，推动建立涵盖税收、社保、国土等政府职能部门，以及水、电、气等公共服务企业的企业生产经营全口径数据库，破除金融服务实体经济的信息障碍。建立小微企业信用信息和融资对接平台，实现小微企业的信用信息查询、信用评级、网上申贷，以及融资供需信息发布和撮合，推进政府部门与银行、保险公司、担保公司、小额贷款公司等金融机构的信用共享。依法依规及时披露企业、企业主、个人的不良信用记录，提高企业和个人的违约成本，形成对失信行为的警示作用，提高企业和个人的诚信意识。尽快建立全国性逃废债企业主限制高消费制度，加强对已出台政策的落实，提高目前地方性相关法规的执行范围和力度。

（五）银行要提高对信用风险的容忍度

作为经营风险的金融机构，银行要勇于接受经营中的风险，对信贷相关人员做到尽职免责。目前主要是受经济影响导致了不良贷款问题严峻，所以要提高对不良贷款的容忍度，积极采取多种途径处置不良贷款，避免单纯层层施加压力，将不良贷款处置完全推给基层信贷部门，避免撤换基层行长、处罚信贷人员等简单粗暴的方式。银行要创新信贷投放模式，主动搜集实用信息，通过先进手段和方法控制信用风险，在缩减小微企业放款审核时间，开展期限灵活的信贷业务的同时做到风险可控。同时，银行要在内控制度下功夫，加强基层信贷人员管理，使信贷人员建立合规开展业务的理念，解决委托代理问题。

二、金融稳定压倒一切

（一）建立底线思维

不发生系统性、区域性金融风险是我国金融领域的底线，要建立底线思维，坚定地守住底线。金融监管部门要给出金融业务的底线，要与金融机构和从事类金融业务的非金融机构进行充分沟通，明确底线坚决不能碰，确保机构能够充分领会监管部门意图。金融监管部门要进一步完善法律法规体系建设，对突破底线的金融业务采取必要的惩罚措施，要做到严格执行，体现出金融业务底线的严肃性。对于重大的、社会影响恶劣的金融违法违规行为，金融监管部门要联合其他行政部门，形成监管合力。目前，我国由中国人民银行牵头成立了反洗钱工作部际联席会议制度和互联网金融风险专项整治工作领导小组，由银监会牵头成立了处置非法集资部际联席会议制度，证监会设有打击非法证券期货活动局等，这些设计是金融领域部门联合执法的典范，但仍然存在系统性不强、持续性不够、协调不足等问题。建议在国务院金融稳定发展委员会层面上，汇总信息、定期分析、研判形势、合理规划、统筹工作，保持对重大金融违法违规行为的高压态势，形成震慑，夯实底线。

（二）所有金融活动都要纳入监管部门的视野

金融监管部门要确保所有金融活动都纳入视野，所有金融信息都有采集途径，所有金融行为都监管途径。由于存在执法成本问题，上述“三个所有”是一个能力问题，并不意味着监管部门要以自身实力对所有业务实施全面监管。具体来看，一是加强法律法规建设。做到法律法规体系对金融业务的全覆盖，对于重要业务可以提高法律法规体系的密度，对于非重要业务或创新业务可以从宏观层面给出规范，也可以降低法律效力位阶，至少可以明确监管部门和监管底线，不应该出现脱离法律法规体系的金融业务。二是树立依法依规监管理念。明确法律、法规、规章、规范性文件的权威性，对于现有制度，不允许监管主体自己去判断管还是不管，不允许市场主体自己决定遵守不遵守。对于需要进行政策扶持或政策豁免的行业或企业，应该首先体现在制度和文件上。三是协调创新与监管。对于新出现的金融业态和业务，监管部门需要主动了解其运作机制，及时给出监管红线，根据业务发展情况逐步更新监管红线，达到金融创新与金融监管的平衡。在业务发展成熟后，及时出台相关监管制度文件。四是重视信息披露。明确所有金融机构的所有金融业务都有向金融监管部门披露的义务。这是为了确保监管部门的监管能力，现实中，为提高监管效率和降低金融机构负担，金融监管部门也没有必要收集全部金融数据。同时，金融监管部门也要明确信息披露途径。灯光是最好的警察，要提高金融机构业务信息向特定群体或公众公开的力度，利用金融市场、社会公众来监督金融机构行为，提高金融监管效率。

（三）加强银行机构宏观审慎评估考核和同业业务监管力度

加强对银行机构资金的监管和约束，从资金源头抓起，有效化解资金在金融体系空转问题。将宏观审慎监管和微观审慎监管相结合，加强政策沟通，形成政策合理，增强政策的实施效果。增强宏观审慎评估（Macro - Prudential Assessment，MPA）考核对金融机构经营的引导作用，赋予宏观审慎评估更加灵活的政策手段，增强宏观审慎评估的奖惩力度，将宏观审慎评估纳入一级市场交易商考评项目，实施非对称的差别准备金调整机制，增强达标机构存款准备金下浮空间。继续鼓励和支持同业存单业务发展，充分发挥其公开、透明、高流动性的特点，将其打造为银行同业业务的主力产业。同时，为避免同业存单业务发展过快，造成部分银行主动负债水平过高，提高资金在金融体系内部流动规模，加大市场风险和流动性风险，建议出台必要的限制性措施。如将同业存单纳入宏观审慎评估中资产负债情况项目，纳入现有同业业务管理体系等。

（四）坚持限制非标业务的方向

资管业务要坚持受人之托、代人理财的业务本质，避免非标业务成为变相的信贷业务，成为游离于银行体系之外的影子银行，吸取全球金融危机的经验，防范系统性金融风险。政策上要坚持三个原则：一是限制非标业务规模，严格控制非标业务在资产管理业务中的比例。银监会要坚持现有限额管理政策，其他监管部门也要及时制订限额管理政策。非标业务仅能作为资产管理业务中的一个补充业务，不能成为资产管理业务中的主业。二是消除通道。银行非标业务中，承担通道功能的金融机构不主动管理资金，不承担相关风险，通道业务已经超越了金融机构对委托业务的合理需求，并不能提高金融运行效率，而沦落为规避监管的手段。建议政策上疏堵结合，一方面要建立资产管理业务统一的准入标准和监管标准，消除通道业务存在的基础，另一方面要坚决执行最多一层嵌套的标准，禁止金融机构开展不承担责任的受托业务。三是非标业务与信贷业务相互隔离。类信贷业务的影子银行特征非常明显，背后所隐含的金融风险也非常突出，所以，政策上需要严格划清非标业务与信贷业务。禁止资产管理资金直接或者间接流向银行信贷，限制其流向信贷资产受（收）益权。支持现有信贷资产流转业务发展，留出正规渠道，满足银行间调剂信贷规模余缺的需求。

（五）引导非银行金融机构实施主动管理

提高直接融资比例是发展资产管理业务的初衷之一。但目前的非标业务并没有真正实现直接融资，其根源在于非标业务中承担直接融资中介功能的信托公司、证券公司、基金子公司等金融机构更多地变成了通道，导致非标业务沦落为变相的银行信贷业务。在银行理财产品、非银行金融机构的信托计划或资管计划、融资项目这一非标业务链条中，能否真正实现直接融资，并不应该是形式上的，关键在于非银行金融机构要能够真正发挥主导作用，银行相应处于被动地位，根据项目的具体情况，将理财产品发售给愿意承担相应风险的投资者。政策上要引导非银行金融机构在非标业务中发挥主导作用，建立银行与非银行金融机构之间各司其职、各担风险、共同提高金融运行效率的合作关系。监管部门要制定具体措施，支持实施主动管理功能的信托计划和资管计划的发展，抑制被动管理业务发展。同时，加大资产证券化业务的扶持力度，促进多层次债券市场发展，通过多种途径，鼓励非银行金融机构更多发挥主动功能，真正通过资产管理业务提高我国直接融资比例。

三、坚持市场化改革不动摇

（一）减少对传统金融业务的行政干预

明确金融监管的界限，在强化创新金融业务监管的同时，要增强传统金融业务的市场化水平，减少对传统金融业务的行政干预。充分发挥财政在执行政府经济政策中的主导作用，要通过引导手段，而不是行政干预手段，来鼓励金融机构推动经济发展和经济结构调整，降低金融机构为逃避行政干预而采取制度套利的动机，避免金融机构通过通道业务等提高业务复杂性逃避监管，从而造成资金在金融体系内部空转。金融监管要避免直接干预银行的信贷规模和信贷投向，解除对金融机构“三个不低于”等小微企业信贷指标的考核，更多地采用政策性融资担保等手段降低银行承担的小微企业信用风险，更多地发挥政策性银行在转贷资金等方面的资金供给。发挥法律和制度手段在推动供给侧结构性改革中的作用，完善法制建设和政策执行力度，充分利用产业引导基金、环境税、固定资产投资方向调节税等财税政策，加快产业转型升级。

（二）建立适应企业发展需求的市场化金融体系

提高我国金融监管体系的灵活性，减少对金融机构的行政干预，更加注重引导金融机构提升自身内控管理水平，进一步增加金融机构的经营自主权，提高我国金融机构的市场化程度，继续推动债券市场和股票市场的发展，打造与市场化企业发展需求相适应的金融体系，满足我国高度市场化的企业的金融需求。鼓励金融机构遵循自身特点选择适合自身的发展定位和管理模式。减少对金融机构发展定位和服务对象的行政干预，更多地采用市场化方式而非行政手段对小微企业等经济发展薄弱环节进行扶持。给予银行贷款业务更多自主权，优化审批流程，提高贷款审批效率，修订先还后贷等与企业实际资金需求不一致的贷款通则，让银行自主决定贷款方式。避免终身追责等一刀切的制度措施，尤其对于服务小微企业的贷款，更加需要提高对不良贷款的容忍度，适当放宽对除道德风险之外的不良贷款责任追究。

（三）支持创新融资工具和业务的发展

完善法制建设，加强政策支持，促进融资租赁、小贷公司、互联网金融平台等行业健康发展，创新服务实体经济模式，为小微企业、“三农”领域等薄弱环节提供更合适的融资服务。建立符合融资租赁行业自身发展的法律和制度框架，改变目前参照银行贷款的管理模式，例如在融资租赁客户违约的情况下，鉴于融资租赁设备名义上是融资租赁公司所有，在建立法律和制度框架的过程中，要明确相应的资产转移制度，改变目前需要经过司法程序和拍卖环节所导致的流程复杂漫长。逐步探索放开融资租赁企业设立分支机构的限制，增加经营网店，使融资租赁企业更加贴近客户，方便开展业务。商业银行要加强与融资租赁企业、小贷公司、互联网金融平台等的合作，利用后者更贴近小微企业的优势，联合为小微企业提供金融服务。

四、建设符合国情的金融监管模式

（一）金融监管要立足国情

立足我国仍是发展中国家的现实，正确认识发展经济仍是我国当前面临的重要任务，处理好金融监管和发展经济之间的关系，避免金融监管超前和过度阻碍经济发展。从实际情况出发，避免照抄照搬国际标准，尤其是发达国家制定的适合其自身的标准，具体问题具体分析，提出适合我国国情的方案和标准。深入分析巴塞尔协议 III 对我国银行业的影响，以银行支持实体经济发展为出发点，进一步评估巴塞尔协议 III 在我国的适应性问题。在巴塞尔协议 III 的框架下，按照银行类别和业务类别细分监管规则，建立和完善适合我国国情的银行监管体系。

（二）机构监管与功能监管要协调配合

机构监管的被监管目标明确、容易实施、有效性好，所以仍然需要作为我国金融监管框架的主体。为了防止金融套利行为，金融监管要融入更多功能监管理念，并实现功能监管与机构监管的协调配合。具体来看，一是分别从机构和功能角度对金融监管进行分类。此分类要作为金融监管部门设置的基础，例如从机构角度，金融监管类别可以包括银行机构、证券机构、保险机构等，从功能角度，金融监管类别可以包括存款业务、保险业务、代客理财业务、证券承销业务等。二是明确机构监管与功能监管的界限，划分监管点。如果某一功能监管类别，是不同类别机构都可以开展的，例如银行、证券公司、保险公司都可以开展资产管理业务，那么就单独建立一个功能监管条线来监管这类业务，相应成为一个监管点。如果某一功能监管类别，仅是特定类别机构开展的，例如保险业务仅属于保险公司，存款业务仅属于银行，汇兑业务也仅属于银行，那么将该功能监管类别赋予特定监管机构来监管，相应地形成与机构监管类别数量相同的监管点。监管点的总量就是上述两类监管点之和。每一个监管点由单独的一个监管部门监管，但每一个监管部门可以监管若干个金融监管点。

三是金融监管点间实行法人隔离。综合经营是金融业未来的发展方向，完全的分业经营已经很难实现。从我国当前实际情况来看，经济金融市场化程度还有待提升，企业和金融机构的成熟度还不高，金融监管能力也需要进一步提高，还不适合实行完全没有限制的混业经营。建议实行有限制的综合经营，任何法人仅能从事一个监管点范围之内的业务，从而在不同监管点之间设置防火墙。金融机构可以通过具有独立法人资格的子公司或附属公司开展其他监管点范围内的业务，集团公司可以通过控股公司开展不同监管点范围内的业务。

四是加强金融机构交叉风险监管。通过持股实现混业经营的目的，往往是实现协同效应，所以具有股权联系的各金融机构，经营方面也会存在或多或少的联系，由此会产生金融机构间的交叉风险。金融控股集团、产融控股集团、银行集团、非银行集团是目前存在的四种混业经营模式。建议银行集团和非银行集团的金融机构交叉风险由相关机构监管部门监管，金融控股集团和产融控股集团的金融机构交叉风险统一由中国人民银行进行监管。

五是完善监管协调体系。2013 年，我国成立了金融监管协调部际联席会议制度，2017 年，成立国务院金融稳定发展委员会，金融监管协调进一步加强。建议在国务院金融稳定发展委员会的框架下，建立金融监管部门常态化协调机制，建立金融监管协调办公会议制度。办公会议研究决定现有金融监管归属问题，研究新出现的金融业态的机构分类和功能分类，对无法划分到现有监管框架内的金融业态进行研究，并明确监管归属。办公会议对各金融监管部门监管文件的内容交换意见，对发布时机进行集体决策。

（三）金融监管部门与金融机构要充分沟通

金融监管部门和金融机构之间存在着对立统一的关系。两者存在统一的目标，就是寻求金融效率和金融风险的平衡，以此促进经济发展。与此同时，两者也存在对立，金融机构更加重视提高金融效率，金融监管部门更加重视防范金融风险。既然金融监管部门和金融机构在寻求效率和风险平衡，促进经济发展方面是一致的，那么两者便存在进行沟通的基础。

首先，金融监管部门要更多地了解实际业务，政策制定要兼顾防范金融风险和促进行业健康发展两个方面，即使是出台加强金融监管的政策，也要为未来发展留出空间。其次，金融机构要摒弃与监管部门的对立情绪，不应视监管制度为反对，应该视其为提高机构规范运营，促进行业稳定发展的保障，应该抓住监管制度出台的有利时机，在监管框架内提升自身竞争力。再次，要加强金融监管部门与金融机构之间的人员流动，有业务实践的人，才能更好地监管，有监管实践的人，才能有更开阔的视野来经营业务。最后，要充分发挥行业协会的作用。金融机构与金融监管部门一样，具有强烈地维护本行业金融稳定、防范金融风险的动力。行业协会在金融监管部门的指导下，通过充分调动金融机构主动性和能动性，是能够实现效率与风险相平衡的。通过行业协会自律管理，可以大幅节约监管资源，提高监管效率。

（四）金融要融入国家宏观调控的大框架

金融与经济是密不可分的，经济各部门之间也是紧密联系的，非标业务、资产管理业务，乃至整个金融业务的监管都要融入国家宏观调控政策的大框架之中。从目前情况来看，地方政府融资平台和房地产等国家宏观调控抑制的领域，银行非标业务却较为积极。因此建议，一是明确资产证券化业务和信贷资产收益权转让业务要符合国家宏观调控要求；二是如果北金所债权融资计划和中证机构间报价系统非公开公司债能够列入标准化债权资产范围，那么同样需要明确此类业务要符合国家宏观调控要求；三是基于宏观审慎的理念，银行理财产品资金投资于不符合国家宏观调控要求的项目，计算相应的风险加权资产，按照一定的信用转换系数转换为表内资产，合并计算风险加权资产，计提资本。

后记

写作本书是一个学习的过程。我选择了利率市场化、不良贷款、支持实体经济、互联网金融、机构变革这五个领域来写我国银行业的挑战，选择了同业业务、资产管理业务、非标业务、个贷业务、融入世界这五个领域来写我国银行业的转型，涉及范围比较广。虽然动笔之前，对这十个领域已经有了一定的了解，也有了一定的研究基础，但真正要将每个领域都梳理清楚，还是存在一定难度。为此，我选择从政府文件入手来把握每个领域的发展脉络，系统地收集了改革开放以来每个领域的重要文件，集结成50个文档。在此基础上，我还尽可能地收集数据，查阅文献。完成这十个领域的写作，使我对历史发展脉络的认识更加清晰，也加深了我对问题的认知，所以写作的过程也是一个学习的过程。

写作本书是一个总结的过程。接触银行业已经有五个年头，虽然时间不算太久，但对于一个以文字为生的人来讲，是到了总结一下的时候了。我于2013年进入中国人民银行分支机构，正值银行业由高傲走向失落之时，社会上对银行暴利的冷嘲热讽犹在，但现实已经是利润大幅下滑、客户经理的眼神迷茫、政策擦边球业务不断出现。这迫使我对银行业进行思考。三年后，我来到一家智库工作，有机会聆听曾经参与政策制定者和机构掌舵者谈论金融业，也包括银行业，这让我对金融业的发展、金融风险、金融机构的命运有了更深刻的认识。写作本书也是我对过去思考的一个总结。

在此，我要感谢中国人民银行宁波市中心支行的领导和同事，中国国际经济交流中心的领导和同事，有了大家的帮助才有了我的经历和思考，才有了这本书，更要感谢带我进入经济学殿堂的导师王少平老师，良师教诲，终身受益。

还要感谢中国财政经济出版社会计分社樊清玉社长，以及相关编校人员认真细致的工作。

一个企业也好，一个行业也好，其经营与发展如逆水行舟，不进则退，居安思危是必不可少的。至少已经有300年历史的银行业，也许会一直存在下去，但未来的银行业还会是优秀的年轻人争先恐后挤进去的那个行业吗?

孙晓涛

2018年5月6日